박문각

합격을 결정짓는

# 김백중 필수서

## 부동산학개론 1차

# 박문각 공인중개사

브랜드만족
**1위**
박문각

20
25

근거자료
별면표기

박문각 공인중개사

# 목 차

| 예상문제 01번 | | 기출 | | | | | | |
|---|---|---|---|---|---|---|---|---|
| 01 부동산학 개요 | 26 | | 28 | | | 31 | | | |
| 02 복합개념의 부동산 | | 27 | | | 30 | | | 34 | 35 |
| 03 동산과 부동산의 구분 | | | | 29 | | | 33 | | |

## 01 부동산학 개요

### (1) 부동산학 개요

| 정 의 | 1. 부동산활동의 능률화의 원리와 응용기술을 연구하는 종합응용과학 | | | |
|---|---|---|---|---|
| 성 격 | 종합학문○ | 응용과학○ | 사회과학○ | 🔔 이순자는 부동산학 아님 |
| | 단일학문× | 이론과학, 순수과학× | 자연과학× | |

### (2) 부동산활동의 속성

① 과학성(이론) + 기술성(실무)

② 대인활동 + 대물활동(임장활동)

③ 사익성(개인) + 공익성(정부)

④ **전문성**: 전문가의 활동은 3차 수준

### (3) 한국표준산업분류에 따른 부동산업 (🔔 감자먹는 관중분 개임)

| 서비스업 (감자먹는 관중분) | | | | | 임대 및 공급업 (개임) | |
|---|---|---|---|---|---|---|
| 감정평가 | 투자**자**문 | 관리 | **중**개 및 대리 | **분**양대행 | **개**발 및 공급업 | **임**대업 |

| 부동산업이 아닌 것 (🔔 건투금기) | **건**설업×, **투**자업×, **금**융업×, **기**타부동산 관리업× |
|---|---|

---

**[대표기출 : 31회]** 한국표준산업분류상 부동산 관련 서비스업에 해당하지 않는 것은?

① 부동산 투자 자문업      ② 주거용 부동산 관리업

③ 부동산 중개 및 대리업      ④ 부동산 개발 및 공급업

⑤ 비주거용 부동산 관리업

⚠ 정답 ④

## 02 복합개념의 부동산

### (1) '복합개념'과 '복합부동산'의 구분

| | | 복합개념의 부동산 | | | | | 복합부동산 |
|---|---|---|---|---|---|---|---|
| 법률(무형) | 협의 | 토지 + 토지정착물 ⇨ 민법상 부동산 | | | | | |
| | 광의 | 토지 + 토지정착물 + 준부동산 | | | | | |
| 기술(유형) | 물리 | 공간 | 자연 | | 환경 | 위치 | |
| 경제(무형) | 가격 | 자산 | 자본 | 생산요소 | 소비재 | 상품 | |

### (2) 토지소유권의 범위

| 내용상 | 법률이 정하는 범위 내에서 '사용 + 수익 + 처분'할 수 있다. |
|---|---|
| 공간상 | ㉠ 정당한 이익이 있는 범위 내에서 토지의 상하에 미친다.<br>　　　　　　　공중권 + 지표권 + 지하권<br>㉡ 지하권 : 미채굴의 광물과 한계심도 밖은 소유권이 미치지 않는다. |

### (3) 준부동산(광의의 부동산에 포함 − 의제부동산)

| 의 의 | 민법(일반법)에서는 동산이지만 개별법에서 부동산으로 취급하는 물건<br>⇨ 동산이지만 저당권을 설정하고자 하는 목적에서 출발 |
|---|---|
| 내 용 | ㉠ 등기 또는 등록하는 동산 또는 '동산 + 부동산의 집합'<br>㉡ 자동차, 항공기, 선박(20톤 이상), 어업권, 입목, 공장재단, 광업재단<br>　　　　　　　　　　　　　　　　부동산 중개대상물 3개 |

---

[대표기출 : 34회] 부동산의 개념에 관한 설명으로 틀린 것은?

① 「민법」상 부동산은 토지 및 그 정착물이다.
② 경제적 측면의 부동산은 부동산가치에 영향을 미치는 수익성, 수급조절, 시장정보를 포함한다.
③ 물리적 측면의 부동산에는 생산요소, 자산, 공간, 자연이 포함된다.
④ 등기·등록의 공시방법을 갖춤으로써 부동산에 준하여 취급되는 동산은 준부동산으로 간주한다.
⑤ 공간적 측면의 부동산에는 지하, 지표, 공중공간이 포함된다.

⚠ 정답 ③

## 03 　동산과 부동산정착물(= 부동산)의 구분

부동산정착물은 토지에 부착되어 지속적으로 이용되는 물건을 말하며, 독립정착물(오른편 위쪽에 위치함)과 종속정착물로 구분한다.

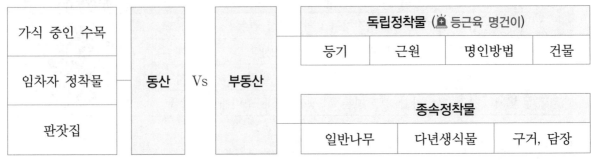

| 가식 중인 수목 | | | 독립정착물 (🔔 등근육 명건이) | | | |
|---|---|---|---|---|---|---|
| | 동산 | Vs | 등기 | 근원 | 명인방법 | 건물 |
| 임차자 정착물 | | 부동산 | | | | |
| 판잣집 | | | 종속정착물 | | | |
| | | | 일반나무 | 다년생식물 | 구거, 담장 | |

✎ 소유자의 직업 또는 물건의 가격은 부동산 여부를 판단하는 기준 아님

---

[대표기출 : 25회, 29회] 우리나라에서 부동산과 소유권에 관한 설명으로 틀린 것은?

① 토지소유자는 법률의 범위 내에서 토지를 사용, 수익, 처분할 권리가 있다.
② 민법에서 부동산이란 토지와 그 정착물을 말한다.
③ 토지의 소유권은 정당한 이익이 있는 범위 내에서 토지의 상하에 미친다.
④ 토지의 소유권 공시방법은 등기이다.
⑤ 토지의 정착물 중 토지와 독립된 물건으로 취급되는 것은 없다.

⚠ 정답 ⑤

| 예상문제 02번 | | 기출 | | | | | | | | | |
|---|---|---|---|---|---|---|---|---|---|---|---|
| 01 | 토지의 용어 및 분류 | 26 | | 28 | 29 | 30 | 31 | 32 | 33 | 34 | 35 |
| 02 | 주택의 분류(주택법) | | 27 | 28 | | | | 32 | 33 | | 35[2] |
| 03 | 지목의 분류(참고) | | | | | | | | | | 35 |

## 01  토지의 용어 및 분류

⑴ **후보지와 이행지**(바뀌는 과정의 토지 : ing~~)

① **후보지** : 택지지역, 농지지역, 임지지역 상호간에 다른 지역으로 전환되고 있는 지역의 토지를 말한다. (농지에서 택지로 또는 과수원에서 주거지로 등)

② **이행지** : 용도지역 내에서 용도가 바뀌는 과정의 토지(주거지에서 상업지로)

| | ┌───── 후보지 ─────┐ : 용도적 지역 <u>상호간</u> | | | | | | | |
|---|---|---|---|---|---|---|---|---|
| **대분류** | 택지지역 | | | 농지지역 | | | 임지지역 | |
| **소분류** | 주택<br>지역 | 상업<br>지역 | 공업<br>지역 | 전지<br>지역 | 답지<br>지역 | 과수원<br>지역 | 용재림<br>지역 | 신탄림<br>지역 |
| | └── 이행지 ──┘ : 용도적 지역 <u>내에서</u> | | | | | | | |

⑵ **필지와 획지**

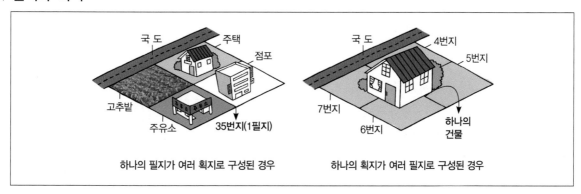

하나의 필지가 여러 획지로 구성된 경우          하나의 획지가 여러 필지로 구성된 경우

| 필 지 | 획 지 |
|---|---|
| 지적법상 토지의 등록(登錄)단위 | 부동산활동상 토지의 구획(區劃)단위 |
| 소유권의 한계를 밝히는 개념 | 가격수준이 유사한 일단의 토지 |
| 법적인 개념 | 경제상 개념 |
| 지번으로 표시 | 면적이나 가격으로 표시 |

### (3) 나지, 건부지, 공지

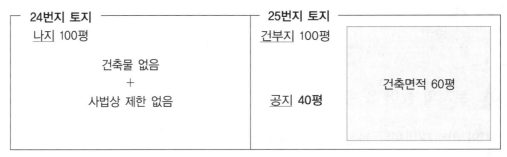

① **나지**(사건 없는 토지) : 토지 상에 사법상의 제한과 건물이 없는 토지를 말한다. 토지 상에 공법 상의 제한이 없는 토지는 없음에 유의한다.

② **건부지** : 건축물이 지어져 있는 토지를 말한다. 건부지는 건물을 **뺀** 토지만을 의미하며(토지와 건물을 합친 개념은 복합부동산임), 이미 건물이 지어진 토지이므로 통상 건부감가가 발생해 서 나지보다 낮게 평가된다.

③ **공지** : 건부지(1필지 전체) 중 건물이 지어진 토지(60평)를 제외하고 남은 부분의 토지로(40 평), 건축법령에 의한 건폐율 등의 제한으로 인해 1필지 내에 비어있는 토지를 말한다.

### (4) 맹지와 자루형 토지

① **맹지** : 타인토지에 둘러싸여 도로에 직접 연결되지 않은 토지이다.

② **자루형 토지** : 맹지가 도로에 접하기 위해 주변토지를 매입하여 합병하면 자루형태의 토지가 되는데 이를 자루형 토지(대지 : 袋地)라고 한다.

| 도로 | | |
|---|---|---|
| 25번지 | 26번지 | |
| 27번지(**맹지**) | 28번지(**자루형 토지**) | |

### (5) 대지, 택지, 부지

부지(바닥토지) : 택지＋철도용지＋하천부지＋도로용지 등을 포함한다.

> 택지 : 주거용·상업용·공업용 용지로 이용되고 있거나,
> 해당 용도로 이용할 목적으로 조성된 토지를 말한다.
>
> > 대지 : 지목이 '대(垈)'인 토지이며
> > 주거용과 상업용 건축물의 건축이 가능하다.

⑹ **공유수면 관리 및 매립에 관한 법률**

① **바닷가**(빈지) : 해안선으로부터 지적공부(地籍公簿)에 등록된 지역까지의 토지

② **포락지** : 지적공부에 등록된 토지가 물에 침식되어 수면 밑으로 잠긴 토지

③ **간석지** : 만조수위선(滿潮水位線)과 간조수위선(干潮水位線) 사이의 토지

⑺ **법지와 빈지**

① **법지** : 법으로만 소유할 뿐 활용실익이 없는 경사지가 법지에 해당한다.

② **빈지** : 법적 소유권은 인정되지 않지만 활용할 수 있는 토지를 말한다. 만조수위선으로부터 지적공부에 등록되기 시작하는 부분까지의 토지가 빈지에 해당한다.

⑻ **기 타**

| 선하지 | 고압선 아래의 토지 + 이용 및 거래의 제한(선하감가) 발생 |
|---|---|
| 한계지 | 도시의 통근한계에 있는 토지 또는 택지이용의 최원방권의 토지이다. |
| 소지(숲) | 택지 등 다른 용도로 조성되기 이전 원래 상태의 토지(농지 또는 임지) |
| 휴~~~한지 | 쉬는 농지 |
| 유휴~~~지 | 투기목적으로 놀리는 토지(공한지세는 현재 폐지되었음) |
| 일단지 | 용도상 불가분의 관계에 있는 2필지 이상의 일단의 토지를 말한다. |
| 표준지 | **지가의 공시**를 위해 가치형성요인이 같거나 유사하다고 인정되는 일단의 토지 중에서 선정한 토지 |
| 표본지 | **지가변동률** 측정을 위해 선정한 표본 필지 |

---

[대표기출 : 34회] **토지 관련 용어의 설명으로 옳게 연결된 것은?**

ⓒ 소유권이 인정되지 않는 바다와 육지 사이의 해변 토지
ⓒ 택지경계와 인접한 경사된 토지로 사실상 사용이 불가능한 토지
ⓒ 택지지역 내에서 공업지역이 상업지역으로 용도가 전환되고 있는 토지
ⓒ 임지지역·농지지역·택지지역 상호간에 다른 지역으로 전환되고 있는 일단의 토지

① ㉠ : 공지, ㉡ : 빈지, ㉢ : 후보지, ㉣ : 이행지
② ㉠ : 법지, ㉡ : 빈지, ㉢ : 이행지, ㉣ : 후보지
③ ㉠ : 법지, ㉡ : 공지, ㉢ : 후보지, ㉣ : 이행지
④ ㉠ : 빈지, ㉡ : 법지, ㉢ : 이행지, ㉣ : 후보지
⑤ ㉠ : 빈지, ㉡ : 법지, ㉢ : 후보지, ㉣ : 이행지

⚠ 정답 ④

## 02 주택의 분류(주택법)

**(1) 주택**(주택법 : 🚨 연세가중)

① 장기간 독립된 주거생활을 할 수 있는 건축물의 전부(일부) 및 그 부속토지

② 공동주택(아파트, 연립, 다세대)과 단독주택(다가구, 다중, 단독)으로 구분

③ 면적과 관계없이 5개 층 이상은 모두 아파트에 해당된다.

| 4 | 4 | 3 | 3 |
|---|---|---|---|
| 연립 | 다세대 | 다가구 | 다중 |
| 초과 | 660m$^2$ | 19세대 이하 | 직장인 |

**(2) 주택법상 용어정리**

| 준주택<br>🚨 노오기다 | ① 주택 외 + 주거시설로 이용가능한 시설 등<br>② **노**인복지주택, **오**피스텔, **기**숙사, **다**중생활시설(고시원) |
|---|---|
| 도시형 생활주택<br>🚨 내 동생 삼백이<br>연세아파트에 산다 | ① 작은 공동주택: 단지형 **연**립, 단지형 다**세**대, **아파트**형<br>└ **300**세대 미만 + 국민주택규모<br>② 도시형 생활주택에는 분양가상한제 적용하지 않는다. |
| 민영주택 | 국민주택을 제외한 주택 |
| 임대주택 | 공공임대주택과 민간임대주택으로 구분한다. |
| 토지임대부 분양주택 | 토지는 시행자, 건축물은 분양받은 자 소유 |
| 주택조합 | 지역주택조합, 직장주택조합, 리모델링 주택조합 |
| 세대구분형 공동주택 | 구분된 공간의 일부를 구분소유할 수 없음 |

---

**[대표기출 : 21회, 25회, 28회] 주택의 유형에 관한 설명으로 옳은 것은?**

① 연립주택은 주택으로 쓰는 1개 동의 바닥면적 합계가 660m$^2$ 이하이고, 층수가 4개 층 이하인 주택이다.

② 다가구주택은 주택으로 쓰는 층수(지하층은 제외)가 3개 층 이하이며, 1개 동의 바닥면적(부설주차장 면적 제외)이 330m$^2$ 이하인 공동주택이다.

③ 다세대주택은 주택으로 쓰는 1개 동의 바닥면적 합계가 330m$^2$ 이하이고, 층수가 5개 층 이하인 주택이다.

④ 다중주택은 학생 또는 직장인 등 다수인이 장기간 거주할 수 있는 구조로서, 독립된 주거형태가 아니며 연면적이 660m$^2$ 이하, 층수가 3개 층 이하인 주택이다.

⑤ 도시형 생활주택은 350세대 미만의 국민주택규모로 대통령령으로 정하는 주택으로 단지형 연립주택, 단지형 다세대주택, 아파트형 주택 등이 있다.

⚠ 정답 ④

## 03 지목의 분류 : 참고

"지목"이란 토지의 주된 용도에 따라 토지의 종류를 구분하여 지적공부에 등록한 것을 말한다. 현재 28개의 지목으로 분류된다.

▎지목 28개 암기방법

| 제천에 살던 | 제방 | | | 하천 | |
|---|---|---|---|---|---|
| 양념 차철수 | 양어장 | 염전 | 주차장 | 철도용지 | 수도용지 |
| 묘지는 답 | 묘지 | | | 답 | |
| 주구장창 | 주유소용지 | 구거 | | 공장용지 | 창고용지 |
| 잡종과목 전공 | 잡종지 | 종교용지 | 과수원 | 목장용지 · 전 | 공원 |
| 원광체대 | 유원지 | 광천지 | | 체육용지 | 대 |
| 유도학사임 | 유지 | 도로 | 학교용지 | 사적지 | 임야 |

✎ 유원지 하천에 놀러갈 때에는 공장 주차장을 이용한다.

---

[참고기출 : 17회] 토지는 지목, 이용상황, 이용목적 등에 따라 다양하게 분류할 수 있다. 지목에 따른 분류에 해당하는 것은?

① 유지    ② 택지    ③ 나지
④ 공지    ⑤ 맹지

⚠ 정답 ①

[참고기출 : 35회] 토지에 관련된 용어이다. (    )에 들어갈 내용으로 옳은 것은?

( ㉠ ): 지적제도의 용어로서, 토지의 주된 용도에 따라 토지의 종류를 구분하여 지적공부에 등록한 것
( ㉡ ): 지가공시제도의 용어로서, 토지에 건물이나 그 밖의 정착물이 없고 지상권 등 토지의 사용·수익을 제한하는 사법상의 권리가 설정되어 있지 아니한 토지

① ㉠: 필지, ㉡: 소지    ② ㉠: 지목, ㉡: 나지
③ ㉠: 필지, ㉡: 나지    ④ ㉠: 지목, ㉡: 나대지
⑤ ㉠: 필지, ㉡: 나대지

⚠ 정답 ②

| 예상문제 03번 | | 기출 | | | | | | | | | |
|---|---|---|---|---|---|---|---|---|---|---|---|
| 01 | 토지의 특성과 파생현상 | 26 | 27 | 28 | 29 | 30 | 31 | 32 | 33 | 34 | 35 |

## ▮ 토지의 특성: 자연적 특성 + 인문적 특성

| 토지의 자연적 특성: 경직적 ⇨ 부동산시장을 불완전하게 만든다. | | | | 🚨 부부영개 |
|---|---|---|---|---|
| **부**동성<br>(비이동성) | **부**증성<br>(비생산성) | **영**속성<br>(비소모성) | **개**별성<br>(비대체성) | 인접성<br>(연결성) |

| 토지의 인문적 특성: 가변적 | | 🚨 용병사 |
|---|---|---|
| **용**도의 다양성 | **병**합·분할의 가능성 | **사**회적·경제적·행정적 위치의 가변성 |

## ▮ 토지의 특성에 따른 파생현상 종합정리

| 특 성 | 파생현상 | | | |
|---|---|---|---|---|
| 부동성 | 환경에 영향 | 지역분석 필요 | 동산과 부동산 구분 | 지방자치단체 |
| | 외부효과 | 임장활동 | 등기이전 | 지방세 |
| 부증성 | 물리적 공급 불가능 | 수요자경쟁 | 집약적이용 | 토지공개념 |
| | 독점 + 완전비탄력 | 지대·지가↑ | 최유효이용 | 생산비 모름 |
| 영속성 | 감가(소모) 없음 | 장기적 배려 | 가치보존 ⇨ 자본이득 | 수익환원법 |
| | 재생산 불가 | 관리 중요 | 임대차 ⇨ 소득이득 | 직접환원법 |
| 개별성 | 일물일가 안 됨 | 정보수집 난이 | 감정평가필요 | 개별분석 |
| | 정보비공개 | 거래비용 증가 | | |
| 용도의<br>다양성 | 최유효이용 | 가치다원설 | 이행과 전환 | 용도적 공급 가능 |
| | | | 이행지, 후보지 | |

| 지역분석 | | 재생산이론× | | 감가이론× | | 임장활동 | |
|---|---|---|---|---|---|---|---|
| 일물일가× | | 집약적이용 | | 토지부족 | | 관리 중요 | |
| 장기적배려 | | 최유효이용 | | 가치보존우수 | | 지방세 | |
| 지대 발생 | | 용도적공급○ | | 소득이득 | | 대체× | |
| 직접환원법 | | 물리적공급× | | 외부효과 | | 국지적시장 | |
| 완전비탄력 | | 병합분할가능 | | 이용전환 | | 정보비용 | |

| 지역분석 | 부동성 | 재생산이론× | 영속성 | 감가이론× | 영속성 | 임장활동 | 부동성 |
|---|---|---|---|---|---|---|---|
| 일물일가× | 개별성 | 집약적이용 | 부증성 | 토지부족 | 부증성 | 관리 중요 | 영속성 |
| 장기적배려 | 영속성 | 최유효이용 | 부증성 | 가치보존우수 | 영속성 | 지방세 | 부동성 |
| 지대 발생 | 부증성 | 용도적공급○ | 용다성 | 소득이득 | 영속성 | 대체× | 개별성 |
| 직접환원법 | 영속성 | 물리적공급× | 부증성 | 외부효과 | 부동성 | 국지적시장 | 부동성 |
| 완전비탄력 | 부증성 | 병합분할가능 | 용다성 | 이용전환 | 용다성 | 정보비용 | 개별성 |

---

**[대표기출 : 35회] 토지의 특성에 관한 설명으로 옳은 것은?**

① 부동성으로 인해 외부효과가 발생하지 않는다.
② 개별성으로 인해 거래사례를 통한 지가 산정이 쉽다.
③ 부증성으로 인해 토지의 물리적 공급은 단기적으로 탄력적이다.
④ 용도의 다양성으로 인해 토지의 경제적 공급은 증가할 수 있다.
⑤ 영속성으로 인해 부동산활동에서 토지는 감가상각을 고려하여야 한다.

⚠ 정답 ④

| 예상문제 04번 | | | | 기출 | | | | | | |
|---|---|---|---|---|---|---|---|---|---|---|
| 01 | 수요와 공급 및 시장균형 | | | | 30 | | | | 34 | |
| 02 | 수요의 변화와 수요량의 변화 | | 28 | | 30 | | | | | |
| 03 | 수요요인 | 26 | | 29 | 30 | 31 | 32 | 33 | 34 | 35 |
| 04 | 공급요인 | | | | | | | | | |

## 01 수요와 공급 및 시장균형의 개념

**(1) 수요의 개념**

수요량 : <u>구매능력을 가진 자가</u>　　<u>일정기간 동안</u>　　**구매하려고 의도하는** 최대수량
　　　　　대출 포함　　　　　　유량(flow)　　　 실제로 구매한(×)

**(2) 수요의 법칙과 공급의 법칙**

① 가격이 상승하면↑ 수요량은 감소↓ (수요의 법칙 - 가수반 - 수요곡선 우하향)

② 가격이 상승하면↑ 공급량은 증가↑ (공급의 법칙 - 가공비 - 공급곡선 우상향)

**(3) 수요 · 공급표**

| 가 격 | 수요량 | 공급량 | 상 태 |
|---|---|---|---|
| 300원 | 1개 | 3개 | 초과공급 |
| 200원 | 2개 | 2개 | 균형 |
| 100원 | 3개 | 1개 | 초과수요 |

**📍 수요공급 그래프 (X 그리고 꼽수)**

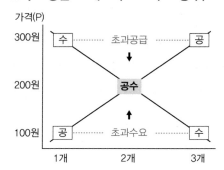

---

[대표기출 : 34회] 부동산의 수요와 공급에 관한 설명으로 틀린 것은?

① 수요량은 주어진 가격에서 수요자들이 구입하고자 하는 부동산의 최대수량이다.

② 공급량과 그 공급량에 영향을 주는 요인들과의 관계를 나타낸 것이 공급함수이다.

③ 공급의 법칙에 따르면 가격(임대료)과 공급량은 비례관계이다.

④ 부동산 시장수요곡선은 개별수요곡선을 수직으로 합하여 도출한다.

⑤ 건축원자재의 가격 상승은 부동산의 공급곡선을 좌측(좌상향)으로 이동하게 한다.

⚠ 정답 ④

## 02  아파트의 수요의 변화와 수요량의 변화(왜 늘렸는데?)

**(1) 의 의**

① **수요의 변화**: 수요곡선의 이동(수요곡선상의 모든 점의 이동)

② **수요량의 변화**: 수요곡선상의 한 점의 이동(양 ➡ 선상 ➡ 가격)

| 양 선상 가격 | (수요, 수요**량**)의 변화 | (곡선, **곡선상**) 이동 | 해당재화 **가격**변화 |
|---|---|---|---|

**(2) 구분하는 이유**(왜 늘렸는데?)

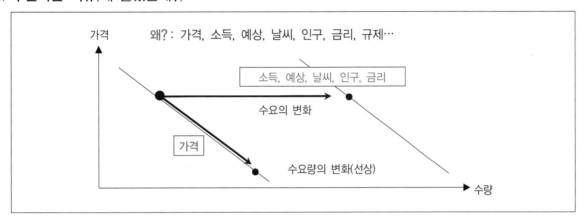

① 아파트의 수요곡선은 아파트의 가격과 아파트의 수요량과의 대응관계를 표시한 곡선이므로 주민들의 소득 등 아파트가격 이외의 요인에 의해 아파트의 수요량이 변하는 경우 수요곡선 하나로 표현할 수 없다.

② 그래서 아파트가격의 변화에 의해 아파트의 수요량이 변하는 경우 아파트 수요곡선상에서 점의 움직임으로 변화를 표현하고(수요량의 변화, 선상 이동)

③ 주민들의 소득 등이 변해서 아파트의 수요량이 변하는 경우 아파트 수요곡선을 좌우로 이동시켜서 변화를 표현한다(수요의 변화, 수요곡선 자체의 이동).

---

[대표기출 : 21회, 28회] **주택 공급 변화요인과 공급량 변화요인이 옳게 묶인 것은?**

　　　공급 변화요인　　　　　　공급량 변화요인
① 주택건설업체수의 증가　　　주택가격 상승
② 정부의 정책　　　　　　　　건설기술개발에 따른 원가절감
③ 건축비의 하락　　　　　　　주택건설용 토지가격의 하락
④ 노동자임금 하락　　　　　　담보대출이자율의 상승
⑤ 주택경기 전망　　　　　　　토지이용규제 완화

⚠ 정답 ①

## 03 수요요인(수요에 영향을 미치는 요인)

### (1) 대체재와 보완재(기도하는 와 ~~)

① 대체재의 가격이 상승하면(대체재의 수요가 감소하면) 해당재의 수요는 증가한다.

② 보완재의 가격이 상승하면(보완재의 수요가 감소하면) 해당재의 수요도 감소한다.

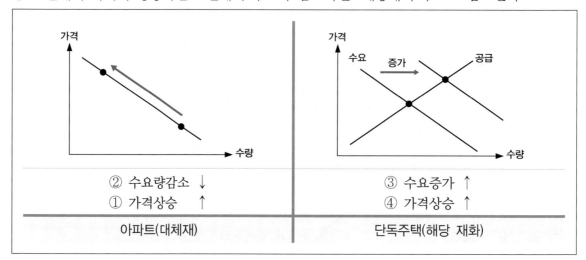

| 아파트(대체재) | 단독주택(해당 재화) |

### (2) 기 타

① 해당재가 열등재인 경우 소득이 증가하면 해당재의 수요는 감소한다.

② 향후 가격상승이 예상되면 주택수요는 증가한다. (더 오르기 전에 빨리 사자)

③ 금리(대출금리, 기준금리, 시중금리 등)가 하락하면 해당재의 수요는 증가한다.

④ LTV, DTI, DSR이 상승하면(＝돈 빌리기 쉬워지면) 주택수요는 증가한다.

---

[대표기출 : 25회, 26회, 31회] 아파트시장의 수요곡선을 좌측으로 이동시킬 수 있는 요인은 모두 몇 개인가? (단, 다른 조건은 동일함)

| | |
|---|---|
| • 수요자의 실질소득 증가 | • 부동산가격 상승 기대 |
| • 사회적 인구감소 | • 아파트 가격의 하락 |
| • 거래세인상 | • 대체주택 가격의 하락 |
| • 아파트 담보대출금리의 하락 | |

① 2개      ② 3개      ③ 4개

④ 5개      ⑤ 6개

⚠ 정답 ②

## 04 공급요인(공급에 영향을 미치는 요인)

### (1) 생산요소의 요소비용

| 생산요소 | 노동 | 자본 | 토지 | 원자재 |
|---|---|---|---|---|
| 요소비용 | 임금 | 이자 | 지대 | 비용 |

➡ 상품 (주택)

① **건설노동자의 임금 하락**: 공급자 부담 감소 = 공급증가 = 공급곡선 우측이동

② **원자재 가격 하락**: 공급자 부담 감소 = 공급증가 = 공급곡선 우측이동

③ **토지 가격 하락**: 공급자 부담 감소 = 공급증가 = 공급곡선 우측이동

### (2) 공법상 규제

① 공법상 규제가 강화되면 부동산의 공급은 감소한다.

② 공법상 규제가 완화되면 부동산의 공급은 증가한다.

### (3) 향후 부동산가격 상승예상

① 가격상승이 예상되면 신규공급(착공)은 증가한다.

② 가격상승이 예상되면 재고공급(기존주택)의 공급은 감소한다. (비싸지면 팔자)

| 예상문제 05번 | 기출 | | | | | | | | |
|---|---|---|---|---|---|---|---|---|---|
| 01 균형점의 이동(그래프) | | 27 | | 29 | 30 | | 32 | 33 | | 35 |
| 02 균형점의 이동(계산문제) | 26 | | 28 | | 30 | 31 | 32 | 33 | 34 | 35 |

## 01 균형점의 이동(그래프)

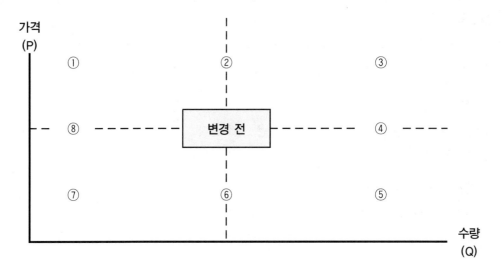

| | | | |
|---|---|---|---|
| ① | 가격상승 + 수량감소 | ⑤ | 가격하락 + 수량증가 |
| ② | 가격상승 + 수량불변 | ⑥ | 가격하락 + 수량불변 |
| ③ | 가격상승 + 수량증가 | ⑦ | 가격하락 + 수량감소 |
| ④ | 가격불변 + 수량증가 | ⑧ | 가격불변 + 수량감소 |

| 수요 10 증가<br>+<br>공급 5 증가 | 수요 10 증가<br>+<br>공급 10 증가 | 수요증가<br>+<br>공급증가 | 공급 완전비탄력<br>+<br>수요증가 |
|---|---|---|---|
| | | | |
| 가격: 상승<br>수량: 증가 | 가격: 불변<br>수량: 증가 | 가격: 모름<br>수량: 증가 | 가격: 상승<br>수량: 불변 |

[대표기출 : 33회] 균형가격과 균형거래량의 변화에 관한 설명으로 옳은 것은?

① 수요가 불변이고 공급이 감소하면, 균형가격은 하락하고 균형거래량은 감소한다.

② 공급이 불변이고 수요가 증가하면, 균형가격은 상승하고 균형거래량은 감소한다.

③ 수요와 공급이 동시에 증가하고 공급의 증가폭이 수요의 증가폭보다 더 큰 경우, 균형가격은 상승하고 균형거래량은 증가한다.

④ 수요의 감소폭이 공급의 감소폭보다 크면, 균형가격은 하락하고 균형거래량은 감소한다.

⑤ 수요는 증가하고 공급이 감소하는데 수요의 증가폭이 공급의 감소폭보다 더 큰 경우, 균형가격은 상승하고 균형거래량은 감소한다.

⚠ 정답 ④

[대표기출 : 33회, 35회] 아파트시장에서 균형가격을 상승시키는 요인은 모두 몇 개인가? (단, 아파트는 정상재로서 수요곡선은 우하향하고, 공급곡선은 우상향하며, 다른 조건은 동일함)

| | |
|---|---|
| • 가구의 실질소득 증가 | • 아파트에 대한 선호도 감소 |
| • 아파트 건축자재 가격의 상승 | • 아파트 담보대출 이자율의 상승 |

① 0개        ② 1개        ③ 2개

④ 3개        ⑤ 4개

⚠ 정답 ③

## 02 균형점의 이동(계산문제)

### (1) 시장균형점 구하기

[대표기출 : 35회] A지역 오피스텔시장에서 수요함수는 $Q_{D1} = 900 - P$, 공급함수는 $Q_S = 100 + \dfrac{1}{4}P$

이며, 균형상태에 있었다. 이 시장에서 수요함수가 $Q_{D2} = 1{,}500 - \dfrac{3}{2}P$로 변화하였다면, 균형가격의

변화(㉠)와 균형거래량의 변화(㉡)는? (단, P는 가격, $Q_{D1}$과 $Q_{D2}$는 수요량, $Q_S$는 공급량, X축은 수량,
Y축은 가격을 나타내고, 가격과 수량의 단위는 무시하며, 주어진 조건에 한함)

⚠ 정답
분수를 계산기를 이용해서 소수로 바꾸어서 계산하는 것이 핵심이다.

| | | |
|---|---|---|
| 꽁수꽁수 | 공급함수 $Q = 100 + \dfrac{1}{4}P \longrightarrow Q = 100 + \dfrac{1}{4}P$<br>수요함수 $Q = 900 - P \longrightarrow Q = 1{,}500 - \dfrac{3}{2}P$ | |
| 연립방정식<br>풀기 | $100 + 0.25P = 900 - P$<br>$1.25P = 800$<br>$P = 640,\ Q = 260$ | $100 + 0.25P = 1{,}500 - 1.5P$<br>$1.75P = 1{,}400$<br>$P = 800,\ Q = 300$ |
| | 가격은 160 상승, 거래량은 40 증가 | |

### (2) 임대료규제시 초과수요량 찾기

[참고기출] 임대주택 단기공급함수는 $Q = 100$, 장기공급함수는 $Q = 2P - 100$이다. 임대주택에 대한
수요함수는 $Q = 200 - P$이다. 수요함수는 장단기 동일하다. 만일 정부가 임대주택의 호당 임대료를
월 90만원으로 통제할 경우, 임대주택의 부족량은 단기와 장기에 각각 얼마인가?

| | 단 기 | 장 기 |
|---|---|---|
| 함수식 공식<br>(꽁수) | 공급 : $Q = 100$<br>수요 : $Q = 200 - P$ | 공급 : $Q = 2P - 100$<br>수요 : $Q = 200 - P$ |
| P에 90 대입 | 공급량 $Q = 100$<br>수요량 $Q = 110$<br>초과수요량 $Q = 10$ | 공급량 $Q = 80$<br>수요량 $Q = 110$<br>초과수요량 $Q = 30$ |

| 예상문제 06번 | | | | | | 기출 | | | |
|---|---|---|---|---|---|---|---|---|---|
| 01 | 탄력성의 개념 | | | | | | | 32 | | 34 |
| 02 | 탄력성 결정요인(대장주세용) | 27 | 28 | | 30 | | | | 33 | |
| 03 | 탄력성의 적용 | | | | | 31 | | | | |

## 01 　탄력성(자극에 대한 반응의 정도 : 반응은 수량의 변화를 의미한다)

⑴ **의의** : 가격상승시 수요량은 감소하는데 **얼마나(탄력성 = 이동의 크기)** 감소하는가?

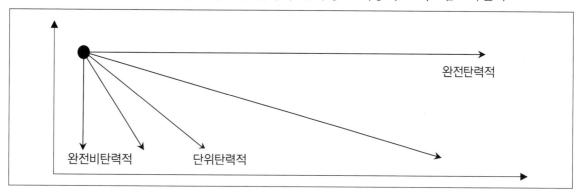

① 탄력성이란 양(Q)의 변화율을 말한다.

② 가격탄력도의 값이 2라는 의미는 가격이 2배가 아니고 수량이 2배라는 의미이다.

③ 양을 늘리거나 줄이는 것이 쉬워질수록 탄력도의 값은 커진다(탄력적).

⑵ **탄력성 그래프로 익히기**

- 완전탄력 : 수평선, 탄력도 = ∞
- 탄력 : 수평에 가깝다, 탄력도의 값이 1보다 크다, 기울기가 작다, 완만하다.
- 비탄력 : 수직, 탄력도의 값이 1보다 작다, 기울기가 크다, 가파르다.
- 완전비탄력 : 수직선, 탄력도의 값이 영(0)

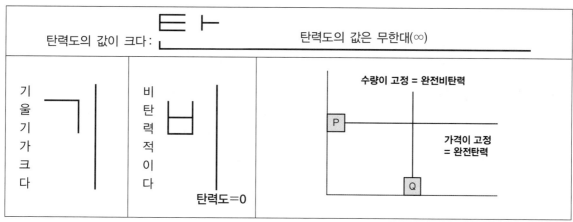

[대표기출 : 34회] 수요와 공급의 가격탄력성에 관한 설명으로 옳은 것은?

① 가격이 변화하여도 수요량이 전혀 변화하지 않는다면, 수요의 가격탄력성은 완전탄력적이다.
② 가격변화율보다 공급량의 변화율이 커서 1보다 큰 값을 가진다면, 공급의 가격탄력성은 비탄력적이다.
③ 공급의 가격탄력성이 0이라면, 완전탄력적이다.
④ 수요의 가격탄력성이 1보다 작으면, 수요의 가격탄력성은 탄력적이다.
⑤ 공급곡선이 수직선이면, 공급의 가격탄력성은 완전비탄력적이다.

⚠ 정답 ⑤

## 02 탄력성 결정요인 : 🔔 탄력적인 대장주세용

① **대**체재가 많을수록(＝선택의 폭이 많아질수록) 탄력적이다.
② **장**기가 단기보다 더 탄력적이다.
　㉠ 장기공급(＝관찰기간이 길어질수록, 시간이 많이 주어질수록)이 더 탄력적이다.

| 구 분 | 1개월 동안 | 1년 동안(장기) |
|---|---|---|
| 볼펜(생산기간 1일) | 30개 생산 | 360개 생산(더 많이 생산 – 탄력적) |

　㉡ 생산기간이 짧을수록(생산기간이 짧은 제품일수록) 더 탄력적이다.

| 구 분 | 1개월 동안 |
|---|---|
| 볼펜(생산기간 1일) | 30개 생산 – 생산기간이 짧은 상품이 더 많이 생산 |
| 자동차(생산기간 1개월) | 1개 생산 |

③ **주**거용 부동산이 더 탄력적이다(＝탄력도는 부동산의 용도에 따라 다르다).
④ 시장을 **세**분할수록(선택의 폭이 더 넓어지므로) 더 탄력적이다.
⑤ **용**도가 다양할수록, 용도전환이 용이할수록 더 탄력적이다.
⑥ 비싼 재화일수록(소득에서 차지하는 비중이 큰 재화일수록 민감반응) 탄력적이다.

[대표기출 : 27회] 수요의 가격탄력성에 관한 설명으로 틀린 것은?

① 미세한 가격변화에 수요량이 무한히 크게 변화하는 경우 완전탄력적이다.
② 대체재의 존재 여부는 수요의 가격탄력성을 결정하는 중요한 요인 중 하나이다.
③ 일반적으로 부동산 수요에 대한 관찰기간이 길어질수록 수요의 가격탄력성은 작아진다.
④ 일반적으로 재화의 용도가 다양할수록 수요의 가격탄력성은 커진다.
⑤ 수요의 가격탄력성이 비탄력적이라는 것은 가격의 변화율에 비해 수요량의 변화율이 작다는 것을 의미한다.

⚠ 정답 ③

## 03 탄력도의 적용

### (1) 세금부담

① 수요자와 공급자 중 탄력적인 자가 세금을 더 적게 부담한다.

② 완전탄력적이면 세금을 전혀 부담하지 않는다.

| 완전비탄력 | 단위탄력 | 완전탄력 |
|---|---|---|

### (2) 판매자(고깃집 사장님)의 가격전략 : 탄 것은 내리고 안 탄 것을 올린다.

① 수요자가 탄력적인 경우 고가전략은 불리하다. (미친 짓을 한 것이다)

② 수요의 가격탄력성이 1보다 큰 경우 임대료가 상승하면 총수입은 감소한다.

| 가격탄력성 0 | 완전비탄력 | 가격을 올릴수록 유리 |
|---|---|---|
| 가격탄력성 0.5 | 비탄력 | |
| 가격탄력성 1 | 단위탄력 | 가격과 상관없이 총수입 일정 |
| 가격탄력성 2 | 탄력 | 가격을 내릴수록 유리 |
| 가격탄력성 ∞ | 완전탄력 | |

### (3) 가격변화

① 수요곡선이 수직에 가까울수록 공급 변화시 가격변화가 크다.

② 수요곡선이 수평에 가까울수록(탄력) 공급 변화시 수량변화가 크다.

③ 공급증가시 수요의 가격탄력성이 커질수록 균형가격의 하락폭도 커진다. (×)

---

[대표기출 : 30회] 수요와 공급의 가격탄력성에 관한 설명으로 틀린 것은?

① 수요의 가격탄력성이 완전탄력적일 때 공급이 증가하면 균형가격은 상승한다.

② 오피스텔에 대한 대체재가 감소함에 따라 오피스텔 수요의 가격탄력성이 작아진다.

③ 공급의 가격탄력성이 수요의 가격탄력성보다 작은 경우 공급자가 수요자보다 세금부담이 더 크다.

④ 임대주택 수요의 가격탄력성이 1인 경우 임대주택의 임대료가 하락하더라도 전체 임대료 수입은 변하지 않는다.

⑤ 임대주택을 건축하여 공급하는 기간이 짧을수록 공급의 가격탄력성은 커진다.

⚠ 정답 ① (난이도 상 - 소송까지 간 지문 ① 수정)

| 예상문제 07번 | | 기출 | | | | | | | | |
|---|---|---|---|---|---|---|---|---|---|---|
| 01 | 탄력도 기본공식 | 26 | 27 | 28 | 29 | 30 | | 32 | 33 | | 35 |
| 02 | 탄력도 계산문제 | | | | | | | | | | |

## 01 탄력성 기본공식 (가수, 소수, 교수)

| 가격탄력성 (가수) | 소득탄력성 (소수) | 교차탄력성 (교수) |
|---|---|---|
| $\dfrac{\text{수요량의 변화율}}{\text{가격변화율}}$ | $\dfrac{\text{수요량의 변화율}}{\text{소득변화율}}$ | $\dfrac{\text{해당 재화의 수요량의 변화율}}{\text{다른 재화의 가격변화율}}$ |

## 02 탄력성 계산문제

[A타입 대표기출 : 32회] 아파트 매매가격이 10% 상승할 때, 아파트 매매수요량이 5% 감소하고 오피스텔 매매수요량이 8% 증가하였다. 아파트 매매수요의 가격탄력성의 정도(A), 오피스텔 매매수요의 교차탄력성(B), 아파트에 대한 오피스텔의 관계(C)는?

⚠ 정답

| 수요량 5% ↓ | 수요 8% ↑ | A : 가격탄력성 = 0.5 ⇨ 비탄력적 |
|---|---|---|
| 가격 10% ↑ | | B : 교차탄력성 = 0.8 |
| 아파트 | 오피스텔 | C : 수요의 방향이 반대이므로 대체재 |

[B타입 대표기출 : 33회] 오피스텔 시장에서 수요의 가격탄력성은 0.50이고, 오피스텔의 대체재인 아파트 가격에 대한 오피스텔 수요의 교차탄력성은 0.3이다. 오피스텔 가격, 오피스텔 수요자의 소득, 아파트 가격이 각각 5%씩 상승함에 따른 오피스텔 전체 수요량의 변화율이 1%라고 하면, 오피스텔 수요의 소득탄력성은?

① 0.2      ② 0.4      ③ 0.6
④ 0.8      ⑤ 1.0

⚠ 정답 ②

$$\text{전체 수요량의 변화율} = +1$$

$$\frac{\text{수} -2.5}{\text{가} +5} = 0.5 \quad \frac{\text{수} +1.5}{\text{교} +5} = 0.3 \quad \frac{\text{수} (+2.0)}{\text{소} +5} = (+0.4)$$

| 예상문제 08번 | | | | | 기출 | | | | |
|---|---|---|---|---|---|---|---|---|---|
| 01 | 부동산시장 | | | | | | 31 | | | |
| 02 | 효율적 시장이론 | 26 | 27 | 28 | 29 | | 31 | 32 | 33 | |
| 03 | 할당 효율적 시장 | | | | | | | | | |
| 04 | 정당한 정보비용(계산문제) | | | | 29 | | | | 33 | 35 |

## 01  부동산시장

(1) **부동산시장**: 부증성과 개별성 등으로 인해 불완전한 시장이 된다.

| 소수의 수요공급자<br>(부증성) | 재화의 개별성<br>(개별성) | 진입과 탈퇴의 어려움<br>(부증성) | 정보의 비대칭<br>(개별성) |
|---|---|---|---|

(2) **부동산시장**(불완전경쟁시장)**의 특징**

① 부동산의 개별성(비표준화) ⇨ 부동산시장은 '복잡 + 다양 + 비조직'

② 거래비공개 ⇨ 정보비대칭 ⇨ 정보를 가진 자 초과이윤 ⇨ 가격형성 왜곡

③ 거래비용 증가 ⇨ 수요자와 공급자의 시장 진입 제약 ⇨ 불완전경쟁

④ 단기에 수요량과 공급량의 조절이 어렵다 ⇨ 단기적으로 가격왜곡현상 발생

⑤ 부동성 ⇨ 시장의 국지성 ⇨ 지역시장 간 균형가격 불성립(서로 다른 가격)

⑥ 부증성 ⇨ 부동산의 사회성과 공공성 발생 ⇨ 공적 간섭(부동산정책)이 많음

(3) **시장범위에 따른 부동산시장의 분류**

① **개별시장**: 위치, 면적, 형태에 있어 모든 토지는 개별성을 가진다.

② **부분시장**: 용도, 위치, 유형 등이 비슷한 부동산끼리 형성되는 시장

③ **전체시장**: 각 개별시장의 총합을 의미한다.

---

[대표기출: 26회] **부동산시장에 관한 설명으로 틀린 것은?**

① 부동산시장에서는 시장의 지역성 혹은 지역시장성이 존재한다.

② 정보의 비대칭성으로 인해 부동산가격의 왜곡현상이 나타나기도 한다.

③ 할당 효율적 시장에서는 부동산 거래의 은밀성으로 인해 부동산가격의 과소평가 또는 과대평가 등 왜곡가능성이 높아진다.

④ 부동산 거래비용의 증가는 부동산 수요자와 공급자의 시장 진출입에 제약을 줄 수 있어 불완전경쟁시장의 요인이 될 수 있다.

⑤ 개별성은 부동산의 표준화를 어렵게 하고 부동산시장을 복잡하고 다양하게 한다.

⚠ 정답 ③

---

## 02 효율적 시장

### (1) 개 념

새로운 정보가 지체 없이 재화의 가치에 반영되는 시장을 효율적 시장이라고 한다.

### (2) 투자자가 가진 정보량에 따른 투자자의 구분

| 기술적 분석 | 주가추세 등 과거자료를 통해 새로운 정보를 얻는 분석이다.<br>기술적 분석으로 얻는 새로운 정보를 A(과거정보)라고 하자. |
|---|---|
| 기본적 분석 | 지금 발표하는 실적자료를 통해 새로운 정보를 얻는 분석이다.<br>기본적 분석으로 얻는 새로운 정보를 B(현재정보)라고 하자. |

### (3) 유통되는 정보량에 따른 시장의 구분

| 약성 효율적 시장 | A(과거)정보까지 유통되고 있는 시장 | 현실시장<br>(부동산시장) |
|---|---|---|
| 준강성 효율적 시장 | B(현재)정보까지 유통되고 있는 시장 | |
| 강성 효율적 시장 | C(미공개)정보까지 유통되고 있는 시장 | 현실에 없는 시장 |

### (4) 초과이윤이 발생하는 경우: 투자자가 가진 정보의 양 〉 시장에 공개된 정보의 양

| 투자자 | |
|---|---|
| 기술적분석 | A |
| 기본적분석 | A+B |
| 내부자정보 | A+B+C |

초과이윤 발생: 투기 발생 →

| 시 장 | |
|---|---|
| A | 약성 |
| A+B | 준강성 |
| A+B+C | 강성 |

## 03 할당 효율적 시장(= 배분 효율적 시장) = ❶ + ❷

| ❶ 완전경쟁시장<br>초과이윤 없음 | ❷ 불완전경쟁시장<br>초과이윤 없음 | ❸ 불완전경쟁시장<br>초과이윤 획득 |
|---|---|---|

└── 할당 효율적 시장 ○ ──┘

① 완전경쟁시장과 강성 효율적 시장은 항상 할당 효율적 시장이다.

② 불완전시장도 할당 효율적 시장이 될 수 있다.

③ 투자자가 초과이윤을 획득할 수 있는 것은 시장이 불완전하기 때문이다. (×)
⇨ 할당 효율적이지 못하기 때문이다. (○)

[대표기출 : 27회] 부동산시장의 효율성에 관한 설명으로 틀린 것은?

① 효율적 시장은 어떤 정보를 지체 없이 가치에 반영하는가에 따라 구분될 수 있다.
② 강성 효율적 시장은 공표된 정보는 물론이고 아직 공표되지 않은 정보까지도 시장가치에 반영되어 있는 시장이므로 이를 통해 초과이윤을 얻을 수 없다.
③ 강성 효율적 시장은 완전경쟁시장의 가정에 가장 근접하게 부합되는 시장이다.
④ 약성 효율적 시장에서는 현재가치에 대한 과거의 역사적 자료를 분석하여 정상이윤을 초과하는 이윤을 획득할 수 있다.
⑤ 준강성 효율적 시장은 과거의 추세적 정보뿐만 아니라 현재 새로 공표되는 정보가 지체 없이 시장가치에 반영되므로 공식적으로 이용가능한 정보를 기초로 기본적 분석을 하여 투자해도 초과이윤을 얻을 수 없다.

⚠ 정답 ④

## 04 정당한 정보비용 계산문제 : 🔔 차안땡

(1) **정당한 정보가치(정보비용)의 의미** : 우수한 정보로 인해 얻는 초과이윤

정당한 정보가치는 정보획득으로 인해 발생하는 초과이윤이다.

초과이윤 = 매도가격 − 매수가격(시장가격)
= 확실한 가격 − 불확실한 가격
− 살 수도 있고 팔 수도 있는 가격

[대표기출 : 35회] 지하철 역사가 개발된다는 다음과 같은 정보가 있을 때, 합리적인 투자자가 최대한 지불할 수 있는 이 정보의 현재가치는?

• 지하철 역사 개발예정지 인근에 A토지가 있다.
• 1년 후 지하철 역사가 개발될 가능성은 60%로 알려져 있다.
• 1년 후 지하철 역사가 개발되면 A토지의 가격은 14억 3천만원, 개발되지 않으면 8억 8천만원으로 예상된다.
• 투자자의 요구수익률(할인율)은 연 10%다.

⚠ 정답 개발정보의 현재가치는 차안땡의 공식으로 구한다.

$$= \frac{\text{개발될 때와 개발되지 않을 때의 차액} \times \text{개발 안 될 가능성}}{(1+\text{할인율})^{1\text{년 후면 1, 2년 후면 2를 적용}}}$$

$$= \frac{\text{차액}(14.3-8.8억원 = 5.5억원) \times \text{개발 안 될 가능성}(0.4)}{(1+0.1)^1} = 2억원$$

| 예상문제 09번 | | | 기출 | | | | | |
|---|---|---|---|---|---|---|---|---|
| 01 | 부동산경기변동 | 26 | 27 | | 29 | 31 | 33 | |
| 02 | 거미집이론 | | 27 | | 29 | 31 | 32 | 34 |

## 01 부동산경기변동

### (1) 개 요

① **부동산경기** :

생산활동과 소비활동의 상태

② **경기변동과 물가변동**

┌ 경기(좌우) : 생산과 소비활동
└ 물가(상하) : 가격상승과 하락

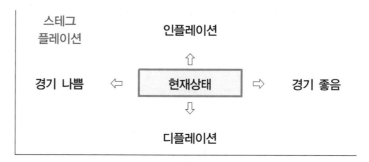

### (2) 부동산경기의 판단기준

① **종합판단** : 건축량, 거래량, 가격변동 등을 종합적으로 고려해서 판단한다.

② **가격변동은 간접지표이고 보조지표이다.** : 부동산가격이 상승한다고 해서 반드시 부동산경기가 좋은 것은 아니다.

③ **선행지표와 동행지표** : 택지 분양실적, 건축허가량 등은 선행지표로 본다.

### (3) 부동산경기변동의 유형(🔔 순계추무)

순환적 변동, 계절적 변동, 무작위적(불규칙, 우발적) 변동 등의 모습이 나타난다.

| 순환변동(V)<br>- 후하회상 - | '후퇴기 ⇨ 하향기 ⇨ 회복기 ⇨ 상향기'가 순차적으로 반복된다. | 후퇴 · 상향 / 하향 · 회복 |
|---|---|---|
| 계절변동 | 매년 12월에 …, 겨울철에 …, 방학이면 … | |
| 추세변동 | 신개발 또는 재개발, 장기적 변동 … | |
| 무작위변동 | 정부정책(세금, DTI규제), 자연재해, 전쟁 | |

⑷ **순환국면과 순환국면별 특징(🔔후하회상)**

① **금리와 경기**: 금리가 상승하면 생산활동과 소비활동은 모두 위축된다.

② **중시되는 자와 사례가격의 활용**

┌ 상승국면(회상): 매도자중시, 매도자 숫자가 적다, 사례는 하한치
└ 하락국면(후하): 매수자중시, 매수자 숫자가 적다, 사례는 상한치

⑸ **부동산경기변동의 특징**

① **진폭과 주기**: 일반경기보다 진폭이 크고 주기가 길다.

② **타성기간**: 일반경기에 둔감하고 타성기간(준비기간)이 길다.

③ **개별성과 국지성**: 개별적·국지적으로 형성된다.

④ 용도별·지역별·유형별로 경기가 모두 다를 수 있다.

⑤ 주거용 부동산시장의 경기는 일반경기에 역행한다. (자금의 유용성 때문)

⑥ 주거용 부동산시장의 경기는 상업용·공업용 부동산시장의 경기에 역행한다.

⑦ **안정시장의 존재**: 부동산시장은 안정시장이 존재한다.

┌ 의의: 부동산가격이 가볍게 상승하거나 큰 변화가 없는 시장
├ 유형: 위치가 좋고 규모가 작은 주택시장 또는 도심지 점포시장
└ 적용: 과거의 사례가격은 새로이 신뢰할 수 있는 거래의 기준이 된다.

⑧ **불규칙과 비명백**: 부동산경기는 일정한 주기와 동일한 진폭으로 규칙적이고 안정적으로 반복되며 순환된다. (×)

⑨ 부동산경기는 지역적·국지적으로 시작하여 전국적·광역적으로 확산된다.

---

[대표기출: 33회] **부동산경기변동에 관한 설명으로 옳은 것은?**

① 상향시장 국면에서는 부동산가격이 지속적으로 하락하고 거래량은 감소한다.

② 후퇴시장 국면에서는 경기상승이 지속적으로 진행되어 경기의 정점에 도달한다.

③ 하향시장 국면에서는 건축허가신청이 지속적으로 증가한다.

④ 회복시장 국면에서는 매수자가 주도하는 시장에서 매도자가 주도하는 시장으로 바뀌는 경향이 있다.

⑤ 안정시장 국면에서는 과거의 거래가격을 새로운 거래가격의 기준으로 활용하기 어렵다.

⚠ 정답 ④

## 02 거미집이론

### (1) 이 론

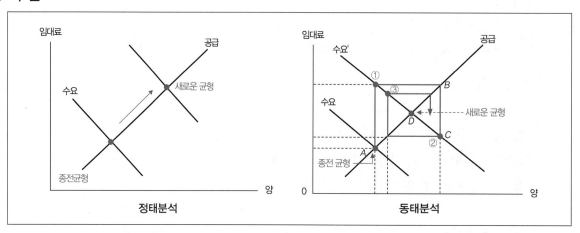

정태분석

동태분석

① **동태분석**: 균형의 이동을 비교동학적(결론에 이르는 과정을 분석)으로 설명한다.

② **공급이 한 타임 늦다.**: 가격이 변하면 수요량은 즉각 변하고 공급량은 일정기간 후에 변한다. 즉 금기 공급량은 전기 가격에 반응한다.

③ **공급자 단순**: 공급자는 미래를 예측하지 않고 현재의 시장임대료에만 반응한다.

④ **가격폭등과 폭락 반복**: 농산물은 수요와 공급 간 시차 발생(농산물 생산기간 필요) ⇨ 초과수요(가격폭등) 또는 초과공급(가격폭락) 반복 ⇨ 거미집형태 그래프 도출

⑤ **안정시장에는 적용하기 어렵다.**: 안정적인 주거용 부동산보다 진폭이 큰 상업용 부동산에 더 잘 적용된다.

### (2) 거미집모형의 형태

① **의의**: 거미집모형은 수요와 공급의 가격탄력성의 상대적 크기에 따라 새로운 균형에 수렴하거나 발산 또는 순환하게 된다.

② **수렴형**: 시간이 경과하면서 새로운 균형으로 접근하는 경우이다. 공급곡선의 기울기의 절댓값이 수요곡선의 기울기의 절댓값보다 큰 경우에 나타난다.

③ **발산형**: 시간이 경과하면서 새로운 균형에서 점점 멀어지는 경우이다. 공급곡선의 기울기의 절댓값이 수요곡선의 기울기의 절댓값보다 작은 경우에 나타난다.

④ **순환형**: 시간이 경과하면서 새로운 균형점에 접근하지도, 멀어지지도 않는 경우이다. 수요곡선과 공급곡선의 기울기의 절댓값이 같은 경우에 나타난다.

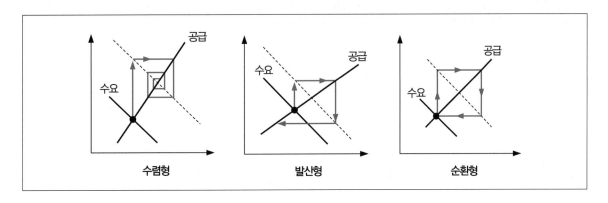

| 수렴형 | 발산형 | 순환형 |

(3) **구체적인 풀이방법(🔔 탄수기공)**

탄력도로 수요와 공급을 비교하면 수요에 동그라미를 치고, 기울기 또는 함수로 수요와 공급을 비교하면 공급에 동그라미를 친다. 동그라미를 친 숫자가 더 크면 수렴형이고 작으면 발산형, 같으면 순환형이다. 만일 수요와 공급이 함수로 주어지는 경우 기울기를 도출해야 하는데 Q 앞의 값이 대가리, P 앞의 값이 다리이다.

\* 함수의 기울기 $= \dfrac{Q}{P}$ (짝다리 짚고 기울어져서 생각하는 사람)

| (기출연습) 시장상황 | 모 형 | |
|---|---|---|
| **수요의 가격탄력성** 1.1, 공급의 가격탄력성 0.9 | 동그라미 큼 | 수렴 |
| 수요곡선 기울기 $-0.3$이고, **공급곡선 기울기** 0.1 | 동그라미 작음 | 발산 |
| 수요함수 $2P = 500 - Qd$, **공급함수** $7P = 300 + 2Qs$ | 수요 $\dfrac{1}{2}$, 공급 $\dfrac{2}{7}$ | 발산 |
| 수요함수 $P = 400 - 2Qd$, **공급함수** $2P = 100 + 4Qs$ | 수요 $\dfrac{2}{1}$, 공급 $\dfrac{4}{2}$ | 순환 |

---

**[대표기출 : 34회] 거미집모형에 관한 설명으로 옳은 것은?** (단, 다른 조건은 동일함)

① 수요의 가격탄력성이 공급의 가격탄력성보다 크면 발산형이다.
② 가격이 변동하면 수요와 공급은 모두 즉각적으로 반응한다는 가정을 전제하고 있다.
③ 수요곡선의 기울기 절댓값이 공급곡선의 기울기 절댓값보다 작으면 수렴형이다.
④ 수요와 공급의 동시적 관계로 가정하여 균형의 변화를 정태적으로 분석한 모형이다.
⑤ 공급자는 현재와 미래의 가격을 동시에 고려해 미래의 공급을 결정한다는 가정을 전제하고 있다.
⚠ 정답 ③

| 예상문제 10번 | | 기출 | | | | | | | |
|---|---|---|---|---|---|---|---|---|---|
| 01 | 농업입지론 | | | | | 종합 | 허프 | | 베버 |
| 02 | 공업입지론 | | | | | | | | |
| 03 | 상업입지론 | | | | | | | | |
| 04 | 계산문제 | 레일 | 레일 | 허프 | | | | | 컨버 |

| 예상문제 10번 | 기출 | | | |
|---|---|---|---|---|
| | 허프<br>크리 | 베버<br>크리 | 크리<br>베버<br>허프 |
| | 레일 | 허프 | 컨버 |

## 01 농업입지론 : 튀넨의 단순지대이론(1826년) – 고립국이론

① 시장에서 가까운 토지가 시장까지의 수송비가 적어서 좋은 토지이다.

② **작물 간 지대경쟁**: 시장 근처에는 높은 지대를 지불할 수 있는 집약농업이 입지하고, 외곽은 높은 지대를 지불할 수 없는 조방농업이 입지한다.

③ **우하향하는 지대곡선**: 시장 근처가 지대가 높고 외곽으로 갈수록 지대는 낮아진다.

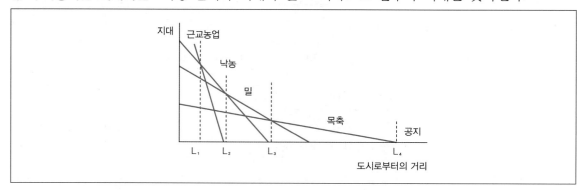

④ 6개 작물의 입찰경쟁결과로 6개의 **튀넨권이 동심원의 형태로 형성된다.**

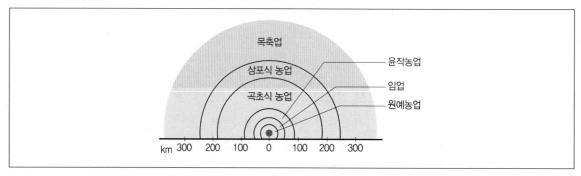

⑤ 튀넨은 **현대입지론의 기초를 제공했다.**

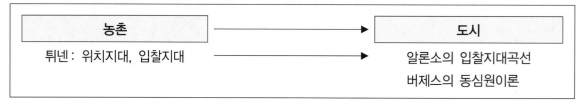

## 02 공업입지론

### (1) 베버의 최소비용이론

① **최소비용지점 결정원리**: 최소비용지점은 최소운송비 지점, 최소노동비 지점, 집적이익이 발생하는 구역을 종합적으로 고려해서 결정한다.

② **최소운송비지점의 결정**

원료와 제품의 무게, 원료와 제품이 수송되는 거리를 분석해서 입지삼각형을 이용해서 최소운송비지점을 결정한다.

ㄱ 원료가 무거우면 원료산지 근처에 입지하는 것이 유리하다.

ㄴ 원료가 무겁다: 중량감소산업, 원료지수가 1보다 크다.

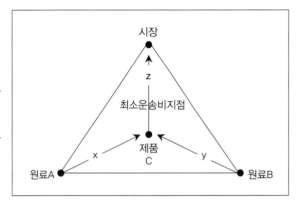

③ **최소운송비지점과 노동비절감지점의 비교**: 등비용선을 이용해서 분석한 결과 운송비증가분보다 노동비절감분이 큰 지점인 경우 이전한다.

(등비용선: 기업이 입지를 바꿀 경우 운송비증가분이 동일한 지점을 연결한 곡선)

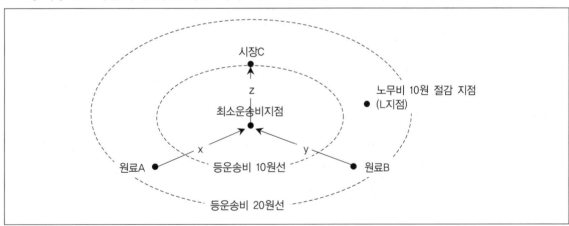

### (2) 기 타

① **뢰쉬의 최대수요이론**: 시장의 확대 가능성이 가장 풍부한 곳이 최적입지점이다.

② **비용과 수요의 통합이론**: 그린 헛, 아이사드(대체원리), 스미스(준최적입지)

## 03 상업입지론 : (1) 크리스탈러 ⇨ (2) 레일리 ⇨ (3) 컨버스 ⇨ (4) 허프

### (1) 크리스탈러의 중심지이론

① **중심지 재화 및 서비스** : 중심지에서 배후지로 제공되는 재화 및 서비스

② **배후지** : 중심지에 의해 재화와 서비스를 제공받는 주변지역

③ **중심지 성립요건** : 최소요구치가 재화의 도달범위 내에 있어야 성립

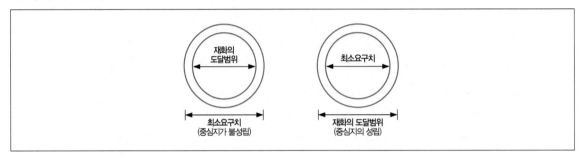

④ **중심지계층화** : 중심지는 고차중심지(백화점)와 저차중심지(슈퍼)로 계층화된다.

⑤ **이상적인 중심지 상권의 형태**

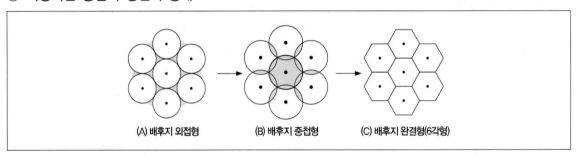

### (2) 레일리의 소매인력의 법칙

① **중심지 간의 상호작용 설명** : 최초로 두 중심지 사이의 상업지역의 구분을 시도하고 체계화시켰다.

② **유인력은 거리의 제곱에 반비례** : 두 중심지가 소비자에게 미치는 영향력의 크기는 두 중심지의 크기에 비례하고 거리의 제곱에 반비례한다.

### (3) 컨버스의 분기점모형

① **경계지점 확인모형** : 경쟁관계에 있는 두 소매시장 간 상권의 경계지점을 확인

② 경계지점에서의 유인력의 크기는 동일하다.

③ **분기점의 위치** : 분기점은 A도시(작은 도시)에 가깝게 형성된다.

## (4) 허프의 확률모형

① 도시단위의 이론들을 소매상권이론으로 전환

② 시간거리, 효용이라는 비공간요인 등도 고려

| 레일리(거시적 접근) | 허프(미시적 접근) |
|---|---|
| 유인력 $= \dfrac{\text{도시 인구수}}{\text{거리}^2}$ | 유인력 $= \dfrac{\text{소매상점의 매장면적}}{\text{(시간)거리}^{\text{공간마찰계수}}}$ |

③ **공간마찰계수의 결정요인**: 교통조건 + 상품의 특성 🚨빠침계수

　┌ 교통조건: 교통조건이 좋을수록 그 값이 작아진다.
　└ 상품의 특성: 전문품일수록 그 값이 작아진다.

④ **다수의 중심지와 다수의 배후지 간에도 적용이 가능**

　㉠ A시장점유율 $= \dfrac{\text{A유인력}(20)}{\text{A유인력}(20)+\text{B유인력}(20)+\text{C유인력}(10)}$

　㉡ 확률결정요소: 점포의 면적, 소비자와 점포와의 거리, 경쟁점포의 수

⑤ 적당한 거리에 고차중심지가 있으면 인근의 저차중심지는 통과한다.

⑥ 고정된 상권을 놓고 경쟁함으로써 제로섬게임이 된다는 한계가 있다.

## (5) 넬슨의 소매입지이론(🚨 넬슨 약국은 병원 옆에 양립)

① **최대 이익**: 특정 점포가 최대 이익을 얻을 수 있는 매출액을 확보하기 위해서는 어떤 장소에 입지하여야 하는지 8가지 원칙을 제시하였다.

② **양립성 강조**: 서로 보완되는 상품을 취급하는 점포와 양립하면 유리하다.

---

[대표기출: 29회] **다음 이론에 관한 설명으로 틀린 것은?**

① 레일리는 두 중심지가 소비자에게 미치는 영향력의 크기는 두 중심지의 크기에 반비례하고 거리의 제곱에 비례한다고 보았다.

② 베버는 운송비, 노동비, 집적이익을 고려하여 비용이 최소화되는 지점이 공장의 최적입지가 된다고 보았다.

③ 컨버스는 경쟁관계에 있는 두 소매시장 간 상권의 경계지점을 확인할 수 있도록 소매중력모형을 수정하였다.

④ 허프는 소비자가 특정 점포를 이용할 확률은 소비자와 점포와의 거리, 경쟁점포의 수와 면적에 의해서 결정된다고 보았다.

⑤ 크리스탈러는 재화와 서비스에 따라 중심지가 계층화되며 서로 다른 크기의 도달범위와 최소요구범위를 가진다고 보았다.

⚠ 정답 ①

## 04 입지론 계산문제(레일리, 컨버스, 허프)

### (1) 레일리의 소매인력의 법칙 계산문제

[대표기출 : 33회] 레일리(W. Reilly)의 소매중력모형에 따라 C신도시의 소비자가 A도시와 B도시에서 소비하는 월 추정소비액은 각각 얼마인가? (단, C신도시의 인구는 모두 소비자이고, A, B도시에서만 소비하는 것으로 가정함)

- A도시 인구 : 50,000명, B도시 인구 : 32,000명
- C신도시 : A도시와 B도시 사이에 위치
- A도시와 C신도시 간의 거리 : 5km
- B도시와 C신도시 간의 거리 : 2km
- C신도시 소비자의 잠재 월 추정소비액 : 10억원

① A도시 : 1억원,  B도시 : 9억원
② A도시 : 1억 5천만원,  B도시 : 8억 5천만원
③ A도시 : 2억원,  B도시 : 8억원
④ A도시 : 2억 5천만원,  B도시 : 7억 5천만원
⑤ A도시 : 3억원,  B도시 : 7억원

⚠ 정답 ③

| A<br>유인력 = 2,000 | 50,000<br>5km$^2$ | C<br>10억원 | 32,000<br>2km$^2$ | B<br>유인력 = 8,000 |
|---|---|---|---|---|

## (2) 컨버스의 분기점모형 계산문제

[대표기출: 35회] **컨버스(P. Converse)의 분기점모형에 기초할 때, A시와 B시의 상권 경계지점은 A시로부터 얼마만큼 떨어진 지점인가?** (단, 주어진 조건에 한함)

- A시와 B시는 동일 직선상에 위치
- A시와 B시 사이의 직선거리 : 45km
- A시 인구 : 84만명
- B시 인구 : 21만명

① 15km        ② 20km        ③ 25km
④ 30km        ⑤ 35km

⚠ 정답 ④

⑴ 문제를 그림의 형태로 변환한다.

⑵ 경계지점은 작은 도시에서 가깝게 형성된다. 따라서 전체 45km의 중간인 22.5km보다는 더 오른편에 위치한다. 즉 보기 지문 중에서 '① 15km, ② 20km는 정답이 아니다.

⑶ 경계지점은 양쪽의 도시에서 당기는 유인력의 크기가 동일한 지점이다.

따라서 $\dfrac{840,000}{x^2} = \dfrac{210,000}{(45-x)^2}$ 의 관계가 성립한다. 이제 남은 25, 30, 35를 각각 대입해보면, 30 대입시 등호가 성립하므로 정답은 30km 지점이다.

## (3) 허프의 확률모형 계산문제

[대표기출 : 34회] 허프(D. Huff)모형을 활용하여 점포 A의 월 매출액을 추정하였는데, 착오에 의해 공간(거리)마찰계수가 잘못 적용된 것을 확인하였다. 올바르게 추정한 점포 A의 월 매출액은 잘못 추정한 점포 A의 월 매출액보다 얼마나 증가하는가? (단, 주어진 조건에 한함)

- X지역의 현재 주민 : 10,000명
- 1인당 월 점포 소비액 : 30만원
- 올바른 공간(거리)마찰계수 : 2
- 잘못 적용된 공간(거리)마찰계수 : 1
- X지역의 주민은 모두 구매자이고, 점포(A, B, C)에서만 구매한다고 가정함
- 각 점포의 매출액은 X지역 주민에 의해서만 창출됨

| 구 분 | 점포 A | 점포 B | 점포 C |
|---|---|---|---|
| 면 적 | $750m^2$ | $2,500m^2$ | $500m^2$ |
| X지역 거주지로부터의 거리 | 5km | 10km | 5km |

① 1억원      ② 2억원      ③ 3억원

④ 4억원      ⑤ 5억원

⚠ 정답 ③

| 구 분 | 점포 A 점유율 | 점포 B | 점포 C |
|---|---|---|---|
| 마찰계수 1 적용시 | 유인력 150 점유율 30% | 250 | 100 |
| 마찰계수 2 적용시 | 유인력 30 점유율 40% | 25 | 20 |
| 점유율이 10% 상승 ⇨ 총매출액 30억원의 10%인 3억원만큼 매출액이 증가 | | | |

| 예상문제 11번 | 기출 | | | | | | | | |
|---|---|---|---|---|---|---|---|---|---|
| 01 지대와 지가 | 26 | 27 | 28 | 29 | | 31 | | 33 | 34 | 35 |
| 02 학자별 지대이론 | | | | | | | | | | |

## 01 지대와 지가 및 지대논쟁

(1) **지대(地代)와 지가(地價)**

① **의의** : 지대는 토지임대료이고 지가는 토지가격이다.

② **지대와 지가의 관계**

$$지가 = \frac{지대(1억원이라고\ 가정)}{이자율\ 0.1(10\%라고\ 가정)} = 10억원$$

(2) **고전학파**(대표학자 : 리카르도)**의 생각** 고전잉어

① 생산요소를 노동과 자본 및 토지로 구분한다(토지를 별개의 생산요소로 인식).

② 지대를 잉여라고 본다(비용 아님).

## 02 학자별 지대이론

### (1) 리카르도의 차액지대설 ☎ 비옥하게 확 처먹고 차액은 니카드로

| 시 장 | A토지(우등지) | B토지(열등지) | C토지(한계지) |
|---|---|---|---|
| 감자가격 100원<br>(한계지 생산비) | 생산비 80원 | 생산비 90원 | 생산비 100원 |
| | 차액 20원 | 차액 10원 | 차액 0 |

① **수확체감**: 한 토지만 집중 경작하면 수확이 감소하므로 다른 토지도 경작함

② **감자 생산비**: 우등지 80원, 열등지 90원, 최열등지(한계지) 100원

③ **감자가격 결정**: 한계지의 감자생산비 100원 ⇨ 감자의 시장가격이 된다.

④ **차액지대설**: 감자생산비와 감자가격의 차액이 그 토지의 지대가 된다.

⑤ **무지대토지**: 한계지에서는 차액이 없으므로 지대가 발생하지 않는다.

---

[대표기출: 31회] 리카도의 차액지대론에 관한 설명으로 옳은 것을 모두 고른 것은?

㉠ 지대 발생의 원인으로 비옥한 토지의 부족과 수확체감의 법칙을 제시하였다.

㉡ 조방적 한계의 토지에는 지대가 발생하지 않으므로 무지대 토지가 된다.

㉢ 토지소유자는 토지 소유라는 독점적 지위를 이용하여 최열등지에도 지대를 요구한다.

㉣ 지대는 잉여이기에 토지생산물의 가격이 높아지면 지대가 높아지고 토지생산물의 가격이 낮아지면 지대도 낮아진다.

① ㉠, ㉢        ② ㉡, ㉣        ③ ㉠, ㉡, ㉢

④ ㉠, ㉡, ㉣        ⑤ ㉡, ㉢, ㉣

⚠ 정답 ④

---

### (2) 마르크스(막스)의 절대지대설 ☎ 한계지는 절마 소유

① **막스의 지대구성**: 지대 = 차액지대 + 절대지대

② **절대지대**: 토지의 생산성과 무관하게 토지가 개인에 의해 배타적으로 소유되는 것으로부터 발생하는 지대

③ **한계지의 지대**: **차액지대(0원) + 절대지대(10원) ⇨ 한계지에도 지대가 발생**

④ **절대지대의 성격**: 차액지대는 잉여지만 절대지대는 비용이다.

⑤ **구분할 개념**: 밀의 독점지대설

### (3) 튀넨의 위치지대설 🚨 위치가 튀네~~ 수송비 더 주세요

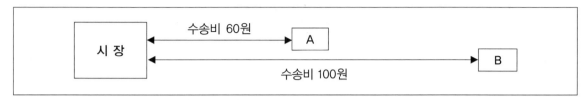

① **위치지대**: A토지는 40원의 수송비절감분이 발생하며 이것이 지대가 된다.

   ┌ 리카르도 차액지대: 비옥도(생산성)의 차이가 지대의 차이이다.
   └ 튀넨 위치지대: 수송비(위치)의 차이가 지대의 차이이다.

② **튀넨 이론의 확장**

   ┌ 튀넨의 입찰지대(농업 작물) ⇨ 알론소의 입찰지대곡선(도시의 용도)
   └ 튀넨의 6개의 동심원 ⇨ 버제스의 5개의 동심원

---

**[대표기출 : 35회] 다음 설명에 모두 해당하는 것은?**

> • 토지의 비옥도가 동일하더라도 중심도시와의 접근성 차이에 의해 지대가 차별적으로 나타난다.
> • 한계지대곡선은 작물의 종류나 농업의 유형에 따라 그 기울기가 달라질 수 있으며, 이 곡선의 기울기에 따라 집약적 농업과 조방적 농업으로 구분된다.
> • 가장 높은 지대를 지불하는 농업적 토지이용에 토지가 할당된다.

① 마샬(A. Marshall)의 준지대설    ② 헤이그(R. Haig)의 마찰비용이론
③ 튀넨(J. H. von Thünen)의 위치지대설    ④ 마르크스(K. Marx)의 절대지대설
⑤ 파레토(V. Pareto)의 경제지대론

⚠ 정답 ③

---

### (4) 마샬의 준지대 🚨 맛샬 준 단발그녀

① **마샬의 지대구성**: 지대 = 순수지대 + 공공발생지대 + **준지대**

| | | |
|---|---|---|
| 더 비옥함   +50원 | 순수지대(리카르도의 비옥도 지대와 유사) |
| 도로에 접함 +30원 | 공공발생지대(공공의 노력으로 발생) |
| **배수로 설치 +20원** | **준지대(마샬의 핵심이론)** |
| 지대         +100원 | |

② **준지대**

   ㉠ 생산을 위하여 사람이 만든 기계나 기구들로부터 얻는 소득

   ㉡ 토지에 대한 개량공사로 인해 추가적으로 발생하는 일시적인 소득

   ㉢ 장기에는 경쟁에 의해 소멸하므로 단기적으로 지대의 성격을 가지는 소득

**(5) 파레토의 경제지대** 🚨 파레토=박찬호

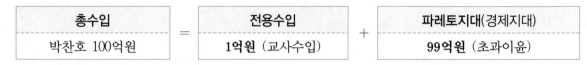

| 총수입 | = | 전용수입 | + | 파레토지대(경제지대) |
|---|---|---|---|---|
| 박찬호 100억원 | | 1억원 (교사수입) | | 99억원 (초과이윤) |

① **전용수입**(이전수입)

　　㉠ 최소한의 금액 : 어떤 생산요소가 다른 용도로 전용되지 않고 현재의 용도에 그대로 사용되도록 지급하는 최소한의 지급액이다.

　　㉡ 기회비용 : 박찬호가 야구선수가 아닌 다른 용도(교사)로 전환되는 것을 막기 위해 박찬호에게 지불해야 하는 최소한의 금액은 교사 연봉인 1억원이다.

② **경제지대** (파레토지대)

　　㉠ 초과이윤 : 총수입에서 전용수입을 빼고 남은 금액인 99억원이 경제지대이다.

　　㉡ 희소성과 경제지대 : 경제지대는 생산요소가 <u>희소할수록(비탄력)</u> 커진다.

**(6) 헤이그의 마찰비용이론** 🚨 헤이그 수지랑 마찰있구나 ~

① 도시 내에서의 입지는 마찰비용을 최소화하는 곳에 결정된다.

② 마찰비용 = 교통비(수송비)+지대

**(7) 알론소의 입찰지대** 🚨 앓는소를 최고가에 입찰하다

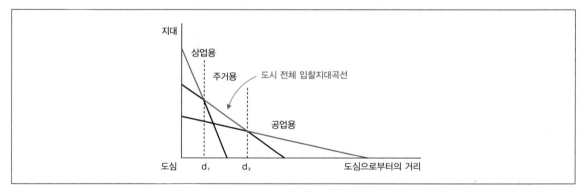

① **가장 높은 입찰금액** : 도심에서 외곽으로 나감에 따라 가장 높은 지대를 지불할 수 있는 각 산업의 지대곡선들을 연결한 선을 입찰지대곡선이라고 한다.

② **초과이윤 0인 입찰금액** : 입찰지대는 토지이용자의 입장에서 지불가능한 최대금액이며 초과이윤이 0이 되는 수준의 지대이다.

③ **지대곡선의 모양** : 지대곡선은 도심이 더 가파르고 원점에 대해 볼록하다.

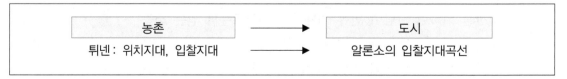

| 농촌 | ⟶ | 도시 |
|---|---|---|
| 튀넨 : 위치지대, 입찰지대 | ⟶ | 알론소의 입찰지대곡선 |

[대표기출 : 27회, 29회] **지대이론에 관한 설명으로 옳은 것은?**

① 차액지대는 토지의 위치를 중요시하고 비옥도와는 무관하다.

② 준지대는 토지사용에 있어서 지대의 성질에 준하는 잉여로 영구적 성격을 가지고 있다.

③ 절대지대는 토지의 생산성과 무관하게 토지가 개인에 의해 배타적으로 소유되는 것으로부터 발생한다.

④ 경제지대는 어떤 생산요소가 다른 용도로 전용되지 않고 현재의 용도에 그대로 사용되도록 지급하는 최소한의 지급액이다.

⑤ 입찰지대는 토지소유자의 노력과 희생 없이 사회 전체의 노력에 의해 창출된 지대이다.

⚠ 정답 ③


[대표기출 : 34회] **지대이론에 관한 설명으로 옳은 것은?**

① 튀넨(J. H. von Thünen)의 위치지대설에 따르면, 비옥도 차이에 기초한 지대에 의한 비농업적 토지이용이 결정된다.

② 마샬(A. Marshall)의 준지대설에 따르면, 생산을 위하여 사람이 만든 기계나 기구들로부터 얻은 일시적인 소득은 준지대에 속한다.

③ 리카도(D. Ricardo)의 차액지대설에서 지대는 토지의 생산성과 운송비의 차이에 의해 결정된다.

④ 마르크스(K. Marx)의 절대지대설에 따르면, 최열등지에서는 지대가 발생하지 않는다.

⑤ 헤이그(R. Haig)의 마찰비용이론에서 지대는 마찰비용과 교통비의 합으로 산정된다.

⚠ 정답 ②

| 예상문제 12번 | | | 기출 | | | | | | | |
|---|---|---|---|---|---|---|---|---|---|---|
| 01 | 도시성장구조이론 | | | 28 | 29 | 30 | 31 | 32 | 33 | 34 | 35 |

(1) **동심원이론**(시카고 대학의 사회학과 교수 버제스 − 1920년)

　① 도시생태학적 관점 + 침입, 경쟁, 천이

　② **도시는 5개의 동심원지대로 분화되면서 성장한다.** : 🔔중전저산통

　　: 중심업무지대 − 전이지대 − 저소득층지대 − 중산층지대 − 통근자지대

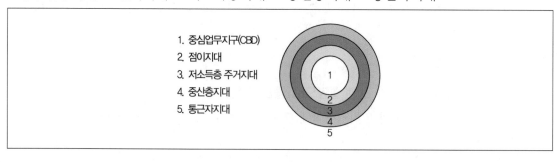

1. 중심업무지구(CBD)
2. 점이지대
3. 저소득층 주거지대
4. 중산층지대
5. 통근자지대

　③ 중심지와 가까워질수록 범죄, 빈곤 및 질병이 많아진다.

　④ 튀넨의 고립국이론을 도시에 적용 + 단핵이론 + 소도시 + 오래된 도시

(2) **선형이론** (sector theory − 호이트)

　① 고소득층 + 교통노선(교통망) + 접근성이 양호한 지역에 입지

　② 부채꼴모양 + 쐐기형 지대 모형

　③ **동심원이론과 선형이론**: 단핵이론 ⇨ 부도심 없음

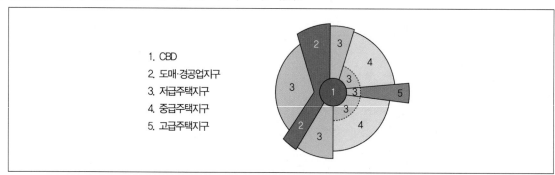

1. CBD
2. 도매·경공업자구
3. 저급주택지구
4. 중급주택지구
5. 고급주택지구

**(3) 다핵심이론(해리스, 울만) - 대도시, 신도시에 적용, 부도심 존재**

① 여러 개의 전문화된 중심 + 대도시 + 신도시 + 부도심 존재

② **다핵의 성립** : 상호편익을 주는 동종은 집중, 이종(공장과 주택)은 분산

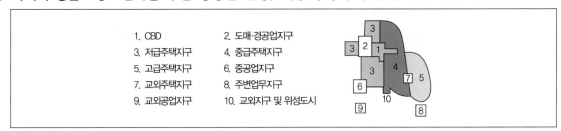

| | |
|---|---|
| 1. CBD | 2. 도매·경공업지구 |
| 3. 저급주택지구 | 4. 중급주택지구 |
| 5. 고급주택지구 | 6. 중공업지구 |
| 7. 교외주택지구 | 8. 주변업무지구 |
| 9. 교외공업지구 | 10. 교외지구 및 위성도시 |

**(4) 기타의 도시내부구조이론**

① **시몬스의 다차원이론** : 동심원이론, 다핵심이론 등의 이론을 종합하여 3개의 차원에서 파악해야 한다. 도시는 보는 관점에 따라 위의 세 가지 이론이 중첩되어 나타난다.

② **베리의 유상도시이론** : 교통기관의 현저한 발달로 도시 내부에 집약되어 있던 업무시설과 주택이 간선도로를 따라 리본모양으로 확산, 입지하는 경향이 있다.

③ **디킨슨의 3지대 구조론** : 도시의 역사적 발전과정을 지대구조와 결합시킨 이론으로 도시공간구조를 중앙지대, 중간지대, 외부지대로 구분한다.

---

**[대표기출 : 34회] 도시공간구조이론 및 입지이론에 관한 설명으로 옳은 것은?**

① 버제스의 동심원이론에서 통근자지대는 가장 외곽에 위치한다.

② 호이트의 선형이론에 따르면, 도시공간구조의 성장과 분화는 점이지대를 향해 직선으로 확대되면서 나타난다.

③ 해리스와 울만의 다핵심이론에는 중심업무지구와 점이지대가 존재하지 않는다.

④ 뢰쉬의 최대수요이론은 운송비와 집적이익을 고려한 특정 사업의 팔각형 상권체계 과정을 보여준다.

⑤ 레일리(W. Reilly)의 소매인력법칙은 특정 점포가 최대이익을 확보하기 위해 어떤 장소에 입지하는가에 대한 8원칙을 제시한다.

⚠ 정답 ①

**[대표기출 : 35회] 입지 및 도시공간구조 이론에 관한 설명으로 틀린 것은?**

① 호이트의 선형이론은 동심원이론을 발전시킨 것이라 할 수 있다.

② 크리스탈러는 중심성의 크기를 기초로 중심지가 고차중심지와 저차중심지로 구분되는 동심원이론을 설명했다.

③ 해리스와 울만은 도시공간구조가 다핵심구조를 가질 수 있다고 보았다.

④ 베버는 원료지수개념을 사용했다.

⑤ 허프모형의 공간(거리)마찰계수는 다양한 요인에 영향을 받을 수 있는 값이며, 이 모형을 적용하려면 공간(거리)마찰계수가 정해져야 한다.

⚠ 정답 ②

| 예상문제 13번 | | 기출 | | | | | | | |
|---|---|---|---|---|---|---|---|---|---|
| 01 | 부동산정책의 근거 | 26 | | 28 | 29 | 30 | 31 | | 34 | 35 |
| 02 | 부동산정책의 수단 | | | | | | | | |

## 01 부동산정책 근거

| 최적사용(효율성) - 국토법 | 최적배분(형평성) - 종합부동산세 |
|---|---|
| 시장실패 치유 | 소득재분배 |
| 기반시설의 부족 해결 | 저소득층의 주거문제 해결 |

## 02 부동산정책의 수단

| 직접개입 | 간접개입 : 세금공시 | 토지관련 규제 |
|---|---|---|
| 토지은행(공공토지비축) | 세금, 부담금정책 | 토지소유규제 |
| 토지구획정리 | 금융지원(LTV, DTI) | 토지이용규제(용도지역제) |
| 공영개발(토지수용), 재개발 | 가격공시(정보제공) | 토지거래규제 |
| 공공주택건설, 공공투자 | 보조금(임대료보조) | |

## 03 주택가격 안정화대책

주택가격을 안정화시키는 정책은 수요를 억제하고 공급을 확대해서 주택가격을 하락시키는 정책을 말한다.

| 분양가 전매금지 | 대출금리 상향조정 | LTV 하향조정 |
|---|---|---|
| DTI 하향조정 | 양도세 및 보유세 강화 | 주택청약 자격의 강화 |
| 실거래가 신고제 도입 | 종합부동산세 도입 | 재건축 개발이익의 환수 |

[대표기출 : 31회] 부동산시장에 대한 직접개입 수단은 모두 몇 개인가?

| • 공공토지비축 | • 취득세 | • 종합부동산세 |
| • 토지수용 | • 개발부담금 | • 공영개발 |
| • 공공임대주택 | • 대부비율 | |

① 3개          ② 4개          ③ 5개
④ 6개          ⑤ 7개

⚠ 정답 ②

| 예상문제 14번 | | 기출 | | | | | | | |
|---|---|---|---|---|---|---|---|---|---|
| 01 | 시장실패와 지역지구제 | 26 | 27 | 28 | 29 | 30 | | | |
| 02 | 용도지역 · 지구 · 구역 | 26 | 27 | | | | | 33 | |

## 01 시장실패와 지역지구제

**(1) 시장실패**

① **의의** : 재화의 생산을 시장에 맡겼을 때 시장이 사회에서 필요로 하는 적정한 생산량보다 더 많이 또는 더 적게 생산하는 것을 시장실패라고 한다.

② **원인** : 공공재, 외부효과, 정보의 비대칭, 독점(규모의 경제) 등

---

[대표기출 : 29회] **부동산시장에서 시장실패의 원인으로 틀린 것은?**

① 공공재  ② 정보의 비대칭  ③ 외부효과

④ 불완전경쟁  ⑤ 재화의 동질성

⚠ 정답 ⑤

---

**(2) 공공재**(국방 등 정부가 국민 전체를 대상으로 해서 생산하는 재화)

---

비경합성과 비배제성 ⇨ 무임승차 가능 ⇨ 시장에서 수요 표시 없음 ⇨
과소생산 ⇨ 시장실패

---

[대표기출 : 30회] **공공재에 관한 일반적인 설명으로 틀린 것은?**

① 소비의 비경합성이 있다.

② 비내구재이기 때문에 정부만 생산비용을 부담한다.

③ 무임승차 문제와 같은 시장실패가 발생한다.

④ 생산을 시장기구에 맡기면 과소생산되는 경향이 있다.

⑤ 비배제성에 의해 비용을 부담하지 않은 사람도 소비할 수 있다.

⚠ 정답 ②

---

(3) **외부효과**: 생산과정 또는 소비과정에서 모두 발생할 수 있다.

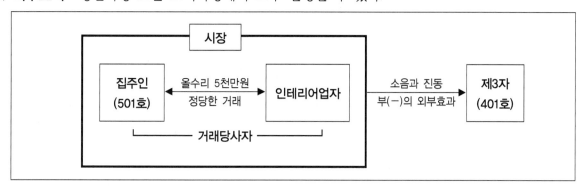

① **시장 외부에 미치는 효과**: 거래당사자가 아닌 제3자에게 의도하지 않은 혜택이나 손해를 가져다주면서도 이에 대한 대가를 받지도 지불하지도 않는 상태를 말한다.

② **정의 외부효과와 부의 외부효과의 비교**

| 정(+)의 외부효과 = 외부경제 | 부(−)의 외부효과 = 외부비경제 |
| --- | --- |
| 공원조성, 도로개설, 도서관 신축 | 수질오염, 공해배출 |
| 사회가 유리: 사회적 편익↑ | 사회가 불리: 사회적 비용↑ |
| 과소생산 ⇨ 보조금 지급 | 과다생산 ⇨ 규제(지역지구제) |
| 핌피현상(PIMFY) 발생 | 님비현상(NIMBY) 발생 |
| 정(+) 발생 ⇨ 주택수요 증가 | 부(−) ⇨ 공장 규제 ⇨ 제품공급 감소 |

③ **부(−)의 외부효과를 해결하는 방법**

　㉠ **공적 해결책**: 정부가 개입해서 해결(용도지역지구제, 세금)

　㉡ **사적 해결책**: 시장기구 스스로 해결(협상 − 코오즈정리)

　✎ 외부효과는 정부의 직접개입이 유일한 해결방법이다. (×)

---

**[대표기출: 26회] 외부효과에 관한 설명으로 틀린 것은?**

① 외부효과란 거래당사자가 아닌 제3자에게 의도하지 않은 혜택이나 손해를 가져다주면서도 이에 대한 대가를 받지도 지불하지도 않는 상태를 말한다.

② 정(+)의 외부효과가 발생하면 님비(NIMBY)현상이 발생한다.

③ 부(−)의 외부효과에 대한 규제는 부동산의 가치를 상승시킬 수 있다.

④ 부(−)의 외부효과를 발생시키는 공장에 대해서 부담금을 부과하면, 생산비가 증가하여 이 공장에서 생산되는 제품의 공급이 감소하게 된다.

⑤ 부(−)의 외부효과가 발생하는 재화의 경우 시장에만 맡겨두면 지나치게 많이 생산될 수 있다.

⚠ 정답 ②

## 02 국토법상 용도지역지구제

### (1) 용도지역(A - 도관농자 주상공녹)

용도지역이란 ~ 등을 제한함으로써 ~하기 위하여 서로 중복되지 아니하게 관리계획으로 결정하는 지역을 말한다.

| 도시지역 (주상공녹) | | 관리지역 (관계생보) |
|---|---|---|
| **주거지역 (전일준)** | **상업지역 (중일통근)** | 계획관리 |
| (1,2) 전용주거 / (1,2,3) 일반주거 / 준주거 | 중심상업 / 일반상업 / 유통상업 / 근린상업 | 생산관리 |
| **공업지역 (전일준)** | **녹지지역 (녹자생보)** | 보전관리 |
| 전용공업 / 일반공업 / 준공업 | 자연녹지 / 생산녹지 / 보전녹지 | |
| **농림지역** | | **자연환경 보전지역** |

### (2) 용도지구(B - 취제진보고 - 경복궁화재)

용도지구란 A의 제한을 강화하거나 완화하여 적용함으로써 용도지역의 기능을 증진시키고 경관·안전 등을 도모하기 위하여 관리계획으로 결정하는 지역을 말한다.

| 취락지구 (자·집) | 제한지구 (특정용도) | 개발진흥지구 (관·복·특·산·주) | 보호지구 (역·중·생) | 고도지구 |
|---|---|---|---|---|
| 경관지구 (특·자·시) | 복합용도지구 | | 방화지구 | 방재지구 (자·시) |

### (3) 용도구역(C - 제수시도복혀입)

용도구역이란 A 및 B의 제한을 강화하거나 완화하여 따로 정함으로써 ~ 등을 위하여 관리계획으로 결정하는 지역을 말한다.

| 개발제한구역 | 수산자원보호구역 | 시가화조정구역 | 도시자연공원구역 |
|---|---|---|---|
| 복합용도구역 | 도시혁신구역 | 도시·군계획시설입체복합구역 | |
| 공구만 가능(공간재구조화계획) | | | |

✏ **개발제한구역**: 국토부장관은 ~ 도시민의 건전한 생활환경을 확보하거나 국방부장관의 요청이 있어 보안상 도시의 개발을 제한할 필요가 있는 경우 관리계획으로 결정할 수 있다.

📍 **국가 (장관 − 서열 1등)**

| 시장 3등<br>(도시) | 군수 3등<br>(농촌) | | | 25 × 25<br>km$^2$ | |
|---|---|---|---|---|---|
| | | 광역시장<br>2등 | 군계획 | | 강원도<br>(도지사 − 서열 2등) |
| | 도시계획 | | | | |
| | | | 광역　계획 | | |
| 전라도<br>(도지사 − 서열 2등) | | | | 경상도<br>(도지사 − 서열 2등) | |

⑷ **도시 · 군계획**

특별시 · 광역시 · 특별자치시 · 특별자치도 · 시 또는 군(광역시의 군은 제외)의 관할 구역에 대하여 수립하는 계획으로서 기본계획과 관리계획으로 구분한다.

⑸ **기본계획**(절차 : 🔔 기공의수 ⇨ 협심승)

□의 관할 구역 및 생활권에 대하여 기본적인 공간구조와 장기발전방향을 제시하는 종합계획으로서 관리계획 수립의 지침이 되는 계획을 말한다.

⑹ **관리계획**(🔔 용기사단) □의 개발 · 정비 및 보전을 위하여 수립하는 다음의 계획

① **용**도지역 · 지구 · 구역의 지정 또는 변경에 관한 계획

② **기**반시설의 설치 · 정비 또는 개량에 관한 계획

③ **사**업(도시개발사업이나 정비사업)에 관한 계획

④ **단**위구역의 지정 또는 변경에 관한 계획

⑤ 복혀단 **계획** : **복**합용도계획, 도시**혁**신계획, 지구**단**위계획

⑺ **단위계획**(지구단위계획) − 🔔 지단 ⇨ 구계사35

① 도시계획 수립 대상지역의 일부에 대하여 ~~ 위하여 수립하는 관리계획을 말한다.

② 국토교통부장관, 시도지사, 시장 또는 군수는 단위구역을 지정할 수 있다.

⑻ **기부구역**(기반시설부담구역) − 🔔 기부왕 이완필의 200정신

□의 장은 행위제한이 완화되는 지역에 대하여는 기부구역으로 지정하여야 한다.

다만, 개발행위가 집중되어 계획적 관리가 필요하면 기부구역으로 지정할 수 있다.

**(9) 밀도구역**(개발밀도관리구역) – 🚨 은밀곤란 주방상궁 용오

□의 장은 주거·상업 또는 공업지역에서 기반시설의 설치가 곤란한 지역을 개발밀도관리구역으로 지정할 수 있다.

**(10) 성장구역**(성장관리계획구역) – 🚨 성장하는 촌놈 건삼이

□의 장은 녹지지역, 관리지역, 농림지역 및 자연환경보전지역 중 개발이 진행되고 있거나 진행될 것으로 예상되는 지역 등 난개발의 방지와 체계적인 관리가 필요한 지역의 전부 또는 일부에 대하여 성장구역을 지정할 수 있다.

---

**[대표기출 : 33회]** 국토의 계획 및 이용에 관한 법령상 용도지역으로서 도시지역에 속하는 것을 모두 고른 것은?

| | | |
|---|---|---|
| ㉠ 농림지역 | ㉡ 관리지역 | ㉢ 취락지역 |
| ㉣ 녹지지역 | ㉤ 산업지역 | ㉥ 유보지역 |

① ㉣                ② ㉢, ㉤                ③ ㉣, ㉤

④ ㉠, ㉡, ㉣          ⑤ ㉡, ㉢, ㉥

⚠ 정답 ①

**[대표기출 : 35회]** 부동산정책에 관한 내용으로 틀린 것은?

① 국토의 계획 및 이용에 관한 법령상 지구단위계획은 도시·군계획 수립 대상지역의 일부에 대하여 토지 이용을 합리화하고 그 기능을 증진시키며 미관을 개선하고 양호한 환경을 확보하며, 그 지역을 체계적·계획적으로 관리하기 위하여 수립하는 도시·군기본계획을 말한다.

② 지역지구제는 토지이용에 수반되는 부(−)의 외부효과를 제거하거나 완화시킬 목적으로 활용된다.

③ 개발권양도제(TDR)는 토지이용규제로 인해 개발행위의 제약을 받는 토지소유자의 재산적 손실을 보전해 주는 수단으로 활용될 수 있으며, 법령상 우리나라에서는 시행되고 있지 않다.

④ 부동산 가격공시제도에 따라 국토교통부장관은 일단의 토지 중에서 선정한 표준지에 대하여 매년 공시기준일 현재의 단위면적당 적정가격을 조사·평가하여 공시하여야 한다.

⑤ 토지비축제는 정부가 토지를 매입한 후 보유하고 있다가 적절한 때에 이를 매각하거나 공공용으로 사용하는 제도를 말한다.

⚠ 정답 ①

| 예상문제 15번 | | 기출 | | | | | | | | | |
|---|---|---|---|---|---|---|---|---|---|---|---|
| 01 | 부동산정책 종합정리 | 26 | 27 | 28 | 29 | 30 | 31 | 32[3] | 33 | 34 | 35 |
| 02 | 개발이익 환수 Vs 개발손실 보상 | | | | | | | | | | |

## 01 부동산정책 종합정리

(1) **공공토지의 비축에 관한 법률**(토지은행제도)

① **공공토지**: 공익사업 필요토지, 토지시장 안정을 위한 수급조절용 토지 등

② **토지은행**: 한국토지주택공사에 설치하는 토지은행 계정

③ **비축계획**: 장관이 종합계획(10년 단위)과 시행계획(매년)을 수립하여야 한다.

④ **대상토지**: 공공개발용 토지와 수급조절용 토지 등으로 구분하여 비축

⑤ **비축절차**

   ⊙ 공공개발용 토지: 비축사업계획을 승인받은 경우 수용도 가능

   ⓒ 수급조절용 토지: 국토부장관 승인받고 매매계약(원칙) 또는 선매로 취득

⑥ **기타**: 농지취득 가능, 비축지역에 투기과열지구의 지정 요청 등 가능

(2) **부동산 거래신고 등에 관한 법률**

① **부동산거래의 신고**: 거래당사자는 '부동산매매계약, 공급계약, 분양권과 입주권의 매매계약'을 체결한 경우 그 실제 거래가격 등을 거래계약의 체결일부터 30일 이내에 부동산소재지를 관할하는 시·군·구청장에게 공동으로 신고하여야 한다.

② **토지거래허가구역의 지정**: 국토교통부장관 또는 시·도지사는 토지의 투기 우려가 있는 지역에 대해서는 5년 이내의 기간을 정하여 토지거래허가구역으로 지정할 수 있다.

③ **선매**: 시·군·구청장은 ~ 토지거래계약에 관한 허가신청이 있는 경우 국가 등이 그 매수를 원하는 경우에는 해당 토지를 매수할 자를 지정하여 그 토지를 협의 매수하게 할 수 있다.

(3) **토지의 적성평가에 관한 지침**

토지적성평가는 ~ 기본계획을 수립하거나 관리계획을 입안하는 경우에 판단근거를 제공하기 위하여 실시하는 기초조사이다.

(4) **주택법(제63조, 제64조) - 투기과열지구와 조정대상지역**

① **투기과열지구의 지정**: 국토교통부장관 또는 시·도지사는 주택가격의 안정을 위하여 필요한 경우 투기과열지구로 지정하거나 이를 해제할 수 있다.

② **조정대상지역의 지정**: 국토교통부장관은 분양과열지역 또는 거래위축지역을 조정대상지역으로 지정할 수 있다.

③ **전매제한**: 일정한 경우 10년 이내의 범위에서 대통령령으로 정하는 기간이 지나기 전에는 그 주택을 전매할 수 없다.

(5) **현재 시행되고 있지 않은 제도**

| 개발권양도제도(TDR) | 토지초과이득세 | 택지소유상한제 |
|---|---|---|
| 공한지세 | 종합토지세 | |

(6) **각종 법률 시행년도**

| 84세 | 90세 | 95세 | 98세 | 환생 | 1세 | 6세 | 9세 |
|---|---|---|---|---|---|---|---|
| 합격 | (개발)부담 | 실명 | (유동)화장 | | 투자 | 재건축 + 거래신고 | 은행 |

(7) **기타정책**

| 국민주택 | 주택도시기금 | 주택청약종합저축 |
|---|---|---|
| ┌ 정부건설 또는 정부재정<br>│ +<br>└ 주거전용 85m² 이하<br>도시 85, 수도권 85, 그 외 100 | ┌ 국장이 관리<br>├ 보증공사에 위탁<br>└ 주택계정과 도시계정 분리<br>(국민주택) (정비사업) | ┌ 가입은 누구나 가능<br>├ 민영주택도 가능<br>├ 1인 1계좌<br>└ 청약은 만 19세 이상 |

---

**[대표기출 : 33회] 부동산정책과 관련된 설명으로 옳은 것은?**

① 분양가상한제와 택지소유상한제는 현재 시행되고 있다.

② 토지비축제도(토지은행)와 부동산가격공시제도는 정부의 간접개입수단이다.

③ 법령상 개발부담금제가 재건축부담금제보다 먼저 도입되었다.

④ 주택시장의 지표로서 PIR(Price to Income Ratio)은 개인의 주택지불능력을 나타내며, 그 값이 클수록 주택구매가 더 쉽다는 의미다.

⑤ 부동산실명제의 근거 법률은 「부동산등기법」이다.

⚠ 정답 ③
• 가구의 주택지불능력을 측정하는 지표인 **PIR**(price to income ratio)
  PIR은 주택 가격을 가구당 연소득으로 나눈 배수로 나타낸다.

## 02 개발이익 환수와 개발손실 보상

(1) **개발이익 환수제도**: 개발 허용 ⇨ 개발이익 발생 ⇨ 환수

| 토지공개념 | 토지의 소유와 처분은 공익을 위하여 적절히 제한할 수 있다. | |
|---|---|---|
| **1990년 실천법률** | ① 개발이익 환수에 관한 법률　⇨ 개발부담금 | 시행 |
| | ② 토지초과이득세법　　　　⇨ 토지초과이득세 | 폐지 |
| | ③ 택지소유상한에 관한 법률　⇨ 택지초과소유부담금 | 폐지 |
| **2006 주택 확대** | 재건축초과이익 환수에 관한 법률 ⇨ 재건축부담금 | 시행 |

① **의의**: 개발이익 환수제도는 개발사업의 시행으로 이익을 얻은 사업시행자로부터 불로소득적 증가분의 일정액을 환수하는 제도다.

(2) **개발이익 환수에 관한 법률**

① **개발이익**: 개발사업의 시행이나 토지이용계획의 변경 등에 따라 정상지가상승분을 초과하여 개발사업을 시행하는 자나 토지소유자에게 귀속되는 토지가액의 증가분

② **정상지가상승분**: 금융기관의 정기예금 이자율 또는 평균지가변동률 등을 고려하여 대통령령으로 정하는 기준에 따라 산정한 금액(둘 중 높은 금액)

③ **개발이익의 환수**: 시·군·구청장은 개발부담금 부과 대상 사업이 시행되는 지역에서 발생하는 개발이익을 개발부담금으로 징수하여야 한다.

(3) **재건축초과이익 환수에 관한 법률**

① **재건축초과이익**: 재건축사업으로 인하여 정상주택가격상승분을 초과하여 납부의무자에게 귀속되는 주택가액의 증가분을 말한다.

② **정상주택가격상승분**: 개시시점 주택가액에 정기예금이자율과 평균주택가격상승률 중 높은 비율을 곱하여 산정한다.

③ **재건축초과이익의 환수**: 국토교통부장관은 재건축사업에서 발생되는 재건축초과이익을 재건축부담금으로 징수하여야 한다.

**(4) 개발손실 보상제도** : 개발 제한 ⇨ 손실 발생 ⇨ 보상

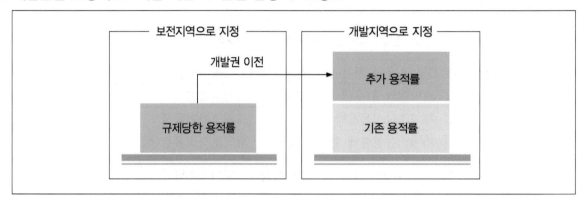

① 토지보전 필요 ⇨ 토지이용규제 ⇨ 손실보상 ⇨ 개발권(TDR) 지급 ⇨ 매매 가능

② 규제지역 토지소유자의 손실을 시장을 통해서 해결하려는 제도이다.

③ **미시행** : 현재 우리나라에서 TDR제도는 시행하고 있지 않다.

   (인접 대지 간 결합건축제도는 현재 시행 중이다)

---

**[대표기출 : 34회] 현재 우리나라에서 시행되고 있지 않는 부동산정책 수단을 모두 고른 것은?**

| ㉠ 택지소유상한제 | ㉡ 부동산거래신고제 | ㉢ 토지초과이득세 |
| ㉣ 주택의 전매제한 | ㉤ 부동산실명제 | ㉥ 토지거래허가구역 |
| ㉦ 종합부동산세 | ㉧ 공한지세 | |

① ㉠, ㉧       ② ㉠, ㉢, ㉧       ③ ㉠, ㉣, ㉤, ㉥

④ ㉡, ㉢, ㉣, ㉤, ㉦       ⑤ ㉡, ㉣, ㉤, ㉥, ㉦, ㉧

⚠ 정답 ②

| 예상문제 16번 : 주택정책 | 기출 | | | | | | | | |
|---|---|---|---|---|---|---|---|---|---|
| 01 주택시장 개요 | | | | | | | | | 35 |
| 02 주거분리와 여과작용 | 26 | 27 | 28 | 29 | 30 | 31 | | | |
| 03 임대주택정책 | | | | | | | 33 | 34$^2$ | 35 |
| 04 분양주택정책 | | | | | | | | | |

## 01   주택시장 개요

**(1) 유량(flow)과 저량(stock)의 개념** 🚨 유 변신장소 거기임?

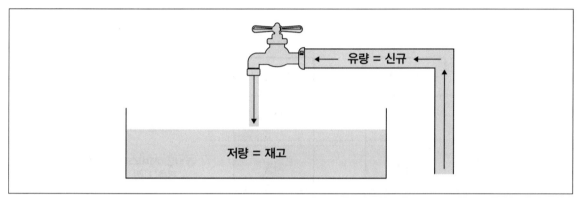

| 유량 | 변화분 | 신규 | 장기 | 소득 | 거래량 | 기간 | 임대료 |
|---|---|---|---|---|---|---|---|

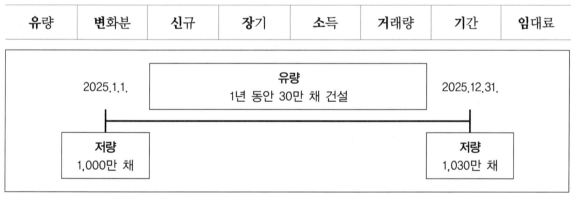

① 유량의 공급량은 기간을 정해서 측정한다. (2025년 한 해 동안의 공급량)

② 저량의 공급량은 일정시점에서 측정한다. (2025.1.1 현재).

③ 주택시장은 유량(신규분양)분석과 저량(기존재고)분석을 병행한다.

④ 특정시점과 특정시점 간 저량의 변동분이 그 기간 동안의 유량이다.

[대표기출 : 31회] 다음 중 유량(flow)의 경제변수는 모두 몇 개인가?

- 가계 자산
- 통화량
- 신규주택 공급량
- 노동자 소득(임금)
- 임대료
- 도시인구
- 가계 소비
- 자본총량
- 주택재고

① 1개                ② 2개                ③ 3개

④ 4개                ⑤ 5개

⚠ 정답 ④

### (2) 물리적 주택과 주택서비스

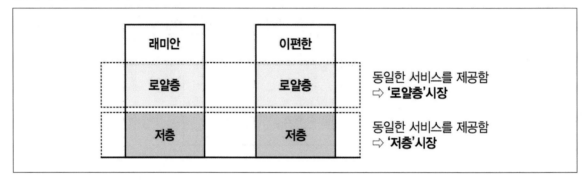

① 주택은 물리적 측면에서는 개별적이다. 하지만 주택에서 제공되는 서비스는 동질적인 것으로 볼 수 있으므로 대체가능한 서비스를 제공하는 것들끼리는 하나의 시장으로 묶을 수 있다.

② 주택시장은 물리적 주택이 아니라 주택서비스를 분석하는 것이다.

### (3) 주택소요와 주택수요의 구분

| 구 분 | 주택소요(housing needs) | 주택수요(housing demand) |
|---|---|---|
| 개 념 | 저소득층 : 사회·복지정책상 개념 | 중산층 이상 : 시장경제상의 개념 |
| 원 리 | 정부가 문제해결 | 시장에서 문제해결 |
| 적 용 | 공공임대아파트 | 민간의 신규아파트 분양신청 |

## 02　주거분리와 여과작용

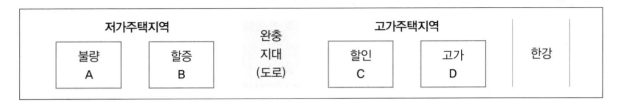

| 저가주택지역 | | 완충<br>지대<br>(도로) | 고가주택지역 | | 한강 |
|---|---|---|---|---|---|
| 불량<br>A | 할증<br>B | | 할인<br>C | 고가<br>D | |

(1) **주거분리**

① **의의**: 주거분리란 고소득층 주거지와 저소득층 주거지가 서로 분리되는 현상을 의미한다. 주거분리를 주도하는 것은 고소득가구이며 이는 정(+)의 외부효과를 추구하고, 부(−)의 외부효과를 회피하려는 동기에서 비롯된다. 주거분리는 도시 전체뿐만 아니라 인접한 근린지역 내에서도 발생한다.

② **할인거래와 할증거래**: 고소득층과 인접한 저소득층 주택은 할증 거래되며(조금 더 비싸게 거래되며), 저소득층과 인접한 고소득층 주택은 할인 거래된다.

③ **침입과 계승**: 고소득층 주거지역으로 저소득층이 들어오는 현상을 '침입'이라고 하며, 이러한 과정이 계속되는 것을 계승이라고 한다.

④ **불량주택의 문제**: '시장실패'의 문제가 아니고 '저소득'의 문제임

(2) **여과현상**(집주인 교체현상)

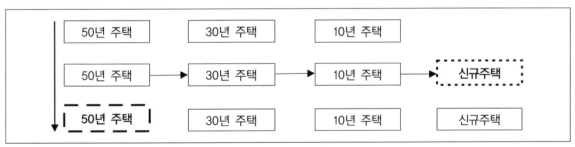

① 주택의 질적 변화와 가구의 이동을 설명해 주는 이론이다.

② **하향여과**(주택 안 고치고 방치하는 경우에 발생)

　㉠ 의의: 상위계층에서 사용되는 기존주택이 하위계층에서 사용되는 것을 말하며, 여과과정이 진행되면 고급주거지역이 저급주거지역으로 전환된다.

　㉡ 공가발생: 공가발생은 주택여과과정의 중요한 구성요소 중 하나이다.

　㉢ 양과 질의 향상: 주택여과효과가 긍정적으로 작동하면 사회 전체의 주거의 질이 상승하고 저가주택의 공급량이 증가한다.

③ **상향여과**(재건축, 재개발): **가치상승분** > **개량비용**: 주택개량 후 주택가치의 상승분이 주택의 개량비용보다 크다면 상향여과가 발생한다.

[대표기출 : 31회] **주택의 여과과정과 주거분리에 관한 설명으로 틀린 것은?**

① 주택의 하향여과과정이 원활하게 작동하면 저급주택의 공급량이 감소한다.

② 저급주택이 재개발되어 고소득가구의 주택으로 사용이 전환되는 것을 주택의 상향여과과정이라 한다.

③ 저소득가구의 침입과 천이 현상으로 인하여 주거입지의 변화가 야기될 수 있다.

④ 주택의 개량비용이 개량 후 주택가치의 상승분보다 크다면 하향여과과정이 발생하기 쉽다.

⑤ 여과과정에서 주거분리를 주도하는 것은 고소득가구로 정(+)의 외부효과를 추구하고, 부(−)의 외부효과를 회피하려는 동기에서 비롯된다.

⚠ 정답 ①

## 03 임대주택정책 : 임대료보조, 임대료규제, 공공임대주택건설

(1) **임대료 보조** 🚨보증규감

① **의의** : 정부가 일정 수준 이하의 저소득층에게 무상으로 임대료의 일부를 지급하거나 또는 일정한 한도까지 과세소득을 공제하는 등의 정책을 말한다. 즉 저소득층 갑돌이에게 20원을 지원(현금 또는 쿠폰)하는 것이다.

② **효과** : 장기적으로 주택의 질이 좋아지고 주택공급량이 증가한다.

(2) **임대료 규제** 🚨보증규감

① **의의** : 정부가 시장의 균형임대료보다 낮은 가격으로 최고가격을 설정한 다음(80원 이상 받지 마!!) 그 가격 이하로만 거래가 가능하도록 규제하는 것을 말한다.

② **효 과**

㉠ 임대인 : 공급량은 감소(탄력적일수록 더 감소)하고 질적 수준도 저하된다.

㉡ 임차인 : 주거선택의 폭이 좁아진다(비탄력적). ➡ 임차자 고정(주거이전 제한)

㉢ 시장 : 초과수요 발생, 암시장 형성, 이중가격 형성, 사회적 비용 증가

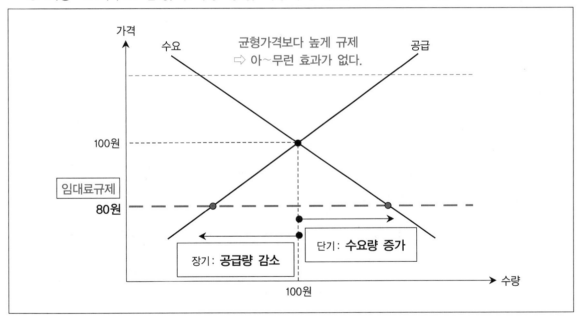

### (3) 공공임대주택 건설

① **의의**: 정부가 공적 시장에서 임대주택을 직접 지어서 사적 시장의 균형가격(100원)보다 낮은 가격(80원)으로 주택을 공급하는 것을 말하는데 이는 생산자보조방식에 해당된다.

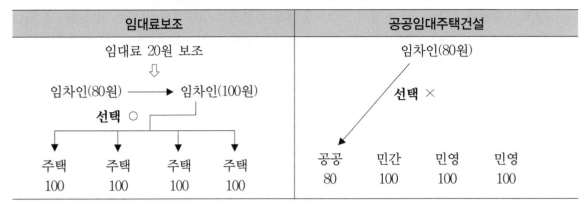

| 임대료보조 | 공공임대주택건설 |
|---|---|
| 임대료 20원 보조 ⇩ 임차인(80원) ⟶ 임차인(100원) 선택 ○ 주택 100  주택 100  주택 100  주택 100 | 임차인(80원) 선택 × 공공 80  민간 100  민영 100  민영 100 |

② **효과**

| 구 분 | 사적 시장 | 공적 시장 |
|---|---|---|
| ㉠ 원래의 상태 | 가격 100원, 공급량 100개 | 없음 |
| ㉡ 단기(수요감소, 가격하락) | 가격 80원, 공급량 100개 | <u>가격 80원, 공급량 20개</u> |
| ㉢ 장기(공급감소, 가격회복) | 가격 100원, 공급량 <u>80개</u> | 가격 80원, 공급량 20개 |

### (4) 종합정리

| 임대료보조 | 임대료규제 | 공공임대주택건설 |
|---|---|---|
| ① 방법(20원 지원) ┌ 주거급여: 현금 └ 바우처: 쿠폰 | ① 방법(최고가격 80원) ┌ 높게 규제 ⇨ 효과 없음 └ 낮게 규제 ⇨ 효과 있음 | ① 방법(80원으로 공급) ┌ 낮은 가격으로 제공 └ 토지공사 자체자금(×) |
| ② 효과 ┌ 공급량 증가 └ 공급질 향상 | ② 효과 ┌ 공급량 감소(초과수요) ├ 공급질 하락 ├ 암시장 └ 임차자 고정(이동 촉진 ×) | ② 종류 🚨 영국행통장 ┌ **영구임대**: 50년 ├ **국민임대**: 30년 ├ **행복주택**: 젊은 층 ├ **통합공공임대**: 영+국+행 └ **장기전세**: 전세계약방식 |

**■ 공공주택 특별법**

(1) **공공주택**: 공공주택사업자가 국가 또는 지방자치단체의 재정이나 주택도시기금을 지원받아 건설, 매입 또는 임차하여 공급하는 다음의 주택을 말한다.

　① **공공임대주택**: 임대 또는 임대한 후 분양전환을 할 목적으로 공급하는 주택
　② **공공분양주택**: 분양을 목적으로 공급하는 주택으로서 국민주택규모 이하의 주택

(2) **공공건설임대주택**: 공공주택사업자가 직접 건설하여 공급하는 공공임대주택

(3) **공공매입임대주택**: 공공주택사업자가 매매 등으로 취득하여 공급하는 공공임대주택

(4) **지분적립형 분양주택**: 주택을 공급받은 자가 일정 기간 동안 공공주택사업자와 주택의 소유권을 공유하면서 소유 지분을 적립하여 취득하는 주택

(5) **이익공유형 분양주택**: 주택을 공급받은 자가 주택을 처분하려는 경우 공공주택사업자가 환매하되 공공주택사업자와 처분 손익을 공유하는 것을 조건으로 분양하는 주택

---

**【공공임대주택의 종류】**

㉠ 영구임대주택: 국가나 지방자치단체의 재정을 지원받아 최저소득 계층의 주거안정을 위하여 50년 이상 또는 영구적인 임대를 목적으로 공급하는 공공임대주택

㉡ 국민임대주택: 국가나 지방자치단체의 재정이나 주택도시기금의 자금을 지원받아 저소득 서민의 주거안정을 위하여 30년 이상 장기간 임대를 목적으로 공급하는 공공임대주택

㉢ 행복주택: 국가나 지방자치단체의 재정이나 주택도시기금의 자금을 지원받아 대학생, 사회초년생, 신혼부부 등 젊은 층의 주거안정을 목적으로 공급하는 공공임대주택

㉣ 통합공공임대주택: 국가나 지방자치단체의 재정이나 주택도시기금의 자금을 지원받아 최저소득 계층, 저소득 서민, 젊은 층 및 장애인·국가유공자 등 사회 취약계층 등의 주거안정을 목적으로 공급하는 공공임대주택

㉤ 장기전세주택: 국가나 지방자치단체의 재정이나 주택도시기금의 자금을 지원받아 전세계약의 방식으로 공급하는 공공임대주택

㉥ 분양전환공공임대주택: 일정 기간 임대 후 분양전환할 목적으로 공급하는 공공임대주택

㉦ 기존주택등매입임대주택: 국가나 지방자치단체의 재정이나 주택도시기금의 자금을 지원받아 기존주택을 매입하여 저소득층과 청년 및 신혼부부 등에게 공급하는 공공임대주택

㉧ 기존주택전세임대주택: 국가나 지방자치단체의 재정이나 주택도시기금의 자금을 지원받아 기존주택을 임차하여 저소득층과 청년 및 신혼부부 등에게 전대(轉貸)하는 공공임대주택

## 🚪 민간임대주택에 관한 특별법

(1) **"민간임대주택"**이란 임대 목적으로 제공하는 주택(준주택 포함)으로서 임대사업자가 등록한 주택을 말하며, 민간건설임대주택과 민간매입임대주택으로 구분한다.

(2) **"공공지원민간임대주택"**이란 임대사업자가 요건을 갖춘 민간임대주택을 10년 이상 임대할 목적으로 취득하여 이 법에 따른 임대료 및 임차인의 자격 제한 등을 받아 임대하는 민간임대주택을 말한다.

(3) **"장기일반민간임대주택"**이란 임대사업자가 공공지원민간임대주택이 아닌 주택을 10년 이상 임대할 목적으로 취득하여 임대하는 민간임대주택을 말한다.

(4) **"단기민간임대주택"**이란 임대사업자가 6년 이상 임대할 목적으로 취득하여 임대하는 민간임대주택을 말한다.

(5) **"임대사업자"**란 공공주택사업자가 아닌 자로서 민간임대주택을 취득하여 임대하는 사업을 할 목적으로 등록한 자를 말한다.

(6) **"주택임대관리업"**이란 주택의 소유자로부터 임대관리를 위탁받아 관리하는 업(業)을 말하며, 다음으로 구분한다.
   ① **자기관리형 주택임대관리업** : 주택의 소유자로부터 주택을 임차하여 자기책임으로 전대(轉貸)하는 형태의 업
   ② **위탁관리형 주택임대관리업** : 주택의 소유자로부터 수수료를 받고 임대료 부과·징수 및 시설물 유지·관리 등을 대행하는 형태의 업

---

**[대표기출 : 35회] 공공주택 특별법령상 공공임대주택에 관한 내용으로 옳은 것은 모두 몇 개인가?**
(단, 주택도시기금은 「주택도시기금법」에 따른 주택도시기금을 말함)

- 통합공공임대주택 : 국가나 지방자치단체의 재정이나 주택도시기금의 자금을 지원받아 최저소득 계층, 저소득 서민, 젊은 층 및 장애인·국가유공자 등 사회 취약계층 등의 주거안정을 목적으로 공급하는 공공임대주택
- 행복주택 : 국가나 지방자치단체의 재정이나 주택도시기금의 자금을 지원받아 대학생, 사회초년생, 신혼부부 등 젊은 층의 주거안정을 목적으로 공급하는 공공임대주택
- 장기전세주택 : 국가나 지방자치단체의 재정이나 주택도시기금의 자금을 지원받아 전세계약의 방식으로 공급하는 공공임대주택
- 분양전환공공임대주택 : 일정 기간 임대 후 분양전환할 목적으로 공급하는 공공임대주택

① 0개          ② 1개          ③ 2개
④ 3개          ⑤ 4개

⚠ 정답 ⑤

## 04 분양주택정책

**(1) 분양가규제**(주택법 : 분양가상한제) ↔ **분양가자율화**

분양가상한제는 주택가격 안정화 및 무주택자의 신규주택 구입부담 경감을 위해서 정부가 신규주택시장에서 분양가의 상한선을 규제하는 정책이다.

① **적용대상** : 다음 지역에서 공급하는 공동주택은 분양가상한제를 적용하여야 한다.

　㉠ 공공택지

　㉡ 민간택지에서 주택가격 상승 우려가 있어 국토교통부장관이 지정하는 지역

　㉢ 적용 제외) 도시형 생활주택 등은 분양가상한제를 적용하지 아니한다.

② **분양가격** : 분양가상한제의 분양가격은 택지비와 건축비로 구성된다.

③ **전매 제한** : 분양가격과 시장가격의 차액을 노리는 투기를 막기 위해 입주자로 선정된 지위에 대하여 전매를 제한할 수 있다.

④ **효과** : 공급자를 규제하므로 신규주택의 공급이 감소하고 질이 하락한다.

⑤ **입주자저축** : 국민주택과 민영주택을 공급받기 위하여 가입하는 주택청약종합저축을 말한다. 입주자저축 취급기관은 은행 중에서 국토교통부장관이 지정하며 입주자저축은 한 사람이 한 계좌만 가입할 수 있다.

---

[대표기출 : 27회, 30회] **분양가규제에 관한 설명으로 틀린 것은?**

① 주택법령상 분양가상한제 적용주택의 분양가격은 택지비와 건축비로 구성된다.

② 주택법령상 분양가상한제 적용주택 및 그 주택의 입주자로 선정된 지위에 대하여 전매를 제한할 수 있다.

③ 분양가상한제의 목적은 주택가격을 안정시키고 무주택자의 신규주택 구입부담을 경감시키기 위해서이다.

④ 주택법령상 국민주택건설사업이 추진하는 공공사업에 의하여 개발·조성되는 공동주택이 건설되는 용지에는 주택의 분양가격을 제한할 수 없다.

⑤ 주택법령상 사업주체가 일반인에게 공급하는 공동주택 중 공공택지에서 공급하는 도시형 생활주택은 분양가상한제를 적용하지 않는다.

⚠ 정답 ④

## (2) 선분양과 후분양

| 구 분 | 선분양(공급자 유리) | 후분양(공급자 불리) |
|---|---|---|
| 의 의 | 건설 전 매각 | 건설 후 매각 |
| 건설자금 | 수요자가 이자부담 | 사업자가 이자부담(자금조달 어려움) |
| 장 점 | 개발업자에게 유리 | 주택소비자에게 유리(가격은 비쌈) |
| 단 점 | 분양권전매(투기) 가능성 높음 | 초기 주택공급량 감소함 |

---

**[대표기출 : 30회] 주택공급제도에 관한 설명으로 틀린 것은?**

① 후분양제도는 초기 주택건설자금의 대부분을 주택구매자로부터 조달하므로 건설자금에 대한 이자의 일부를 주택구매자가 부담하게 된다.
② 선분양제도는 준공 전 분양대금의 유입으로 사업자의 초기자금부담을 완화할 수 있다.
③ 후분양제도는 주택을 일정 절차에 따라 건설한 후에 분양하는 방식이다.
④ 선분양제도는 분양권 전매를 통하여 가수요를 창출하여 부동산시장의 불안을 야기할 수 있다.
⑤ 소비자측면에서 후분양제도는 선분양제도보다 공급자의 부실시공 및 품질저하에 대처할 수 있다.

⚠ 정답 ①

| 예상문제 17번 : 부동산조세 | | | | 기출 | | | | | | |
|---|---|---|---|---|---|---|---|---|---|---|
| 01 | 세금의 종류 | | | | 29 | 30 | 31 | 32 | 33 | 34 | 35 |
| 02 | 조세부과의 효과 | 26 | | 28 | | | 31 | | | | |
| 03 | 토지단일세와 동결효과 | | | | | | | | | | 35 |

## 01　세금의 종류

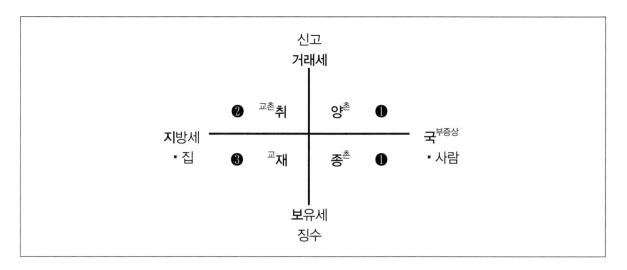

[대표기출 : 35회] 부동산조세에 관한 설명으로 옳은 것을 모두 고른 것은?

㉠ 양도소득세의 중과는 부동산 보유자로 하여금 매각을 앞당기게 하는 동결효과(lock-in effect)를 발생시킬 수 있다.
㉡ 재산세와 종합부동산세의 과세기준일은 매년 6월 1일로 동일하다.
㉢ 취득세와 상속세는 취득단계에서 부과하는 지방세이다.
㉣ 증여세와 양도소득세는 처분단계에서 부과하는 국세이다.

① ㉡
② ㉠, ㉢
③ ㉡, ㉣
④ ㉠, ㉢, ㉣
⑤ ㉠, ㉡, ㉢, ㉣

⚠ 정답 ①

(1) 십자가를 그린다.

(2) 거지보국을 적는다. (시계 반대방향)
   ① 거래세 : 거래할 때 한 번 내는 세금
   ② 지방세 : 지방자치단체에 내는 세금
   ③ 보유세 : 보유기간 동안 매년 내는 세금
   ④ 국세 : 국가에 내는 세금

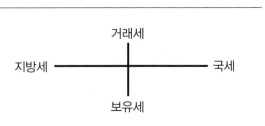

(3) 취재종양을 적는다. (시계 반대방향)
   ① 거래세 : 취득세, 양도세, 증여세, 상속세
   ② 지방세 : 취득세, 재산세
   ③ 보유세 : 재산세, 종합부동산세
   ④ 국세 : 종부세, 양도세, 부가가치세, 증여세,
      상속세

(4) 집사람 전화번호 2311을 적는다.
   ① 집 있는 곳에 내는 세금 : 지방세
   ② 사람 있는 곳에 내는 세금 : 국세
   ③ 2(광역－도)에 내는 세금 : 취득세
   ④ 3(기초－시군구)에 내는 세금 : 재산세
   ⑤ 1(국가)에 내는 세금 : 종부세, 양도세

(5) 신고와 징수를 구분한다.
   ① 신고하는 세금 : 거래세
   ② 징수하는 세금 : 보유세

(6) 개별과세와 합산과세를 구분한다.
   ① 지방세 : 개별과세 ＋ 비례세
      예외) 주택, 별도합산토지, 종합합산토지
   ② 국세 : 합산과세 ＋ 누진세

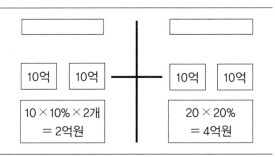

## 02 조세부과의 효과

### (I) 조세의 전가와 귀착

조세의 전가란 공급자(임대인)가 세금의 일부나 전부를 수요자(임차인)에게 떠넘기는 것을 말하고, 귀착이란 최종적으로 공급자와 수요자가 실제 얼마씩 세금을 부담하는가를 나타내는 것이다.

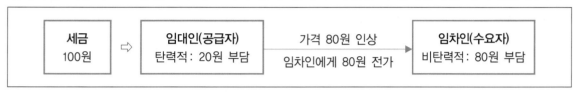

### (2) 탄력도와 세금부담

① 조세의 전가와 귀착은 공급자와 수요자의 상대적인 탄력도에 의해 결정되는데 수요자(임차인)가 비탄력적일수록 상대적으로 많은 양의 세금이 전가된다.

② 탄력도의 값이 크다는 것은 탄력적인 경우이고, 가격탄력성이 0이라는 것은 완전비탄력적인 경우이고, 가격탄력성이 무한대인 것은 완전탄력적인 경우이다.

③ 수요가 완전탄력적이면 세금은 공급자가 모두 부담하고, 공급이 완전탄력적이면 세금은 모두 수요자가 부담한다.

### (3) 세금부과의 효과

① 주택에 대한 세금의 부과는 공급자의 입장에서는 주택판매수입을 낮게 만들고, 수요자의 입장에서는 지불하는 주택가치를 높게 만들기 때문에 다른 것이 일정한 경우 조세의 부과는 주택의 가격을 상승시키고 주택의 수요량과 공급량을 모두 감소시킨다.

② 토지이용을 특정 방향으로 유도하기 위해 정부가 토지보유세를 부과할 때에는 토지용도에 따라 세금을 차등부과하여야 정책목표를 달성할 수 있다.

### (4) 조세부과와 시장왜곡(경제적 순손실)의 발생

① 시장에서 거래를 하면 수요자와 공급자 모두 이득이다(잉여발생).

② 세금부과 ⇨ 거래량 감소 ⇨ 수요자와 공급자 모두 잉여손실(시장왜곡) 발생

③ 탄력적일수록 거래가 더 많이 감소하므로 잉여도 더 많이 감소한다.

④ 거래세 인상시 정부가 세금을 가져가는 부분이 있다고 하더라도 거래량 감소 때문에 시장에서는 경제적 순손실은 발생한다.

| 세금부과 전 | 세금부과 후 |
|---|---|
| 수요자와 공급자의 잉여 100 | 수요자와 공급자 잉여 40<br>정부의 세금수입 50<br>시장의 잉여손실 10 |

#### 📍 세금부과로 인한 시장의 잉여손실의 크기

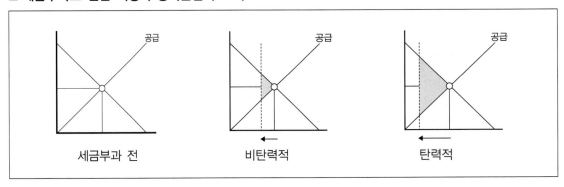

#### 📘 세금부과의 효과 핵심내용 정리

| 세금부과 | 세금부담 : 탄력적인 사람이 세금부담이 작다. |
|---|---|
| | 시장왜곡 : 탄력적일수록 경제적 순손실 및 시장왜곡이 커진다. |

---

**[대표기출 : 26회] 주택구입시 거래세 인상에 따른 경제적 후생의 변화로 틀린 것은?**

① 수요곡선이 공급곡선에 비해 더 탄력적이면 수요자에 비해 공급자의 부담이 더 커진다.

② 공급곡선이 수요곡선에 비해 더 탄력적이면 공급자에 비해 수요자의 부담이 더 커진다.

③ 수요자가 실질적으로 지불하는 금액이 상승하므로 소비자잉여는 감소한다.

④ 공급자가 받는 가격이 하락하므로 생산자잉여는 감소한다.

⑤ 거래세 인상에 의한 세수입 증가분은 정부에 귀속되므로 경제적 순손실은 발생하지 않는다.

⚠ 정답 ⑤

## 03 토지단일세와 동결효과

(1) **헨리 조지의 토지단일세**

① 공급의 탄력성이 큰 재화일수록 세금부과시 시장에서 자원배분의 왜곡이 커진다.

② 비탄력적일수록 왜곡이 작아지고, 완전비탄력적이면 왜곡이 없다.

③ 완전비탄력적인 토지에 대한 보유세는 자원배분의 왜곡을 가져오지 않는다.

④ 헨리 조지는 토지에서 나오는 지대수입을 100% 징세할 경우, 시장의 왜곡 없이 토지세 수입만으로 재정을 충당할 수 있다고 주장했다.

(2) **동결효과**(양도소득세 중과세)

| 정부의 당초 의도<br>수요를 감소시켜서 가격을 하락시킨다. | 실제로 발생하는 시장상황(동결효과)<br>공급이 감소해서 가격이 상승한다. |
|---|---|

---

[대표기출 : 35회] 토지세를 제외한 다른 모든 조세를 없애고 정부의 재정은 토지세만으로 충당하는 토지단일세를 주장한 학자는?

① 뢰쉬(A. Lösch)  ② 레일리(W. Reilly)

③ 알론소(W. Alonso)  ④ 헨리 조지(H. George)

⑤ 버제스(E. Burgess)

⚠ 정답 ④

| 예상문제 18번 : 부동산투자 개요 | | 기출 | | | | | | |
|---|---|---|---|---|---|---|---|---|
| 01 | 부동산투자의 장점 | 27 | | | | | | |
| 02 | 지렛대효과 | 27 | 29 | 31 | 33 | 34 | |

## 01　부동산투자의 장점

### (1) 투자의 의의

① 투자는 장래 기대되는 현금유입과 현재 지출되는 현금유출을 교환하는 행위이다.

② 투자는 장래의 불확실한 수익을 위해 현재의 확실한 소비를 희생하는 행위이다.

③ 투자에는 위험(불확실성)이 수반된다.

### (2) 부동산투자의 장점

① **소득이득과 자본이득 동시 향유**

㉠ 소득이득 : 부동산을 빌려주거나 직접 운영해서 얻는 임대료 수입을 말한다.

㉡ 자본이득 : 처분할 때 가격상승으로 인해 발생하는 양도차익을 말한다.

㉢ 예시 : 상가를 10억원에 사서 매년 1억원의 임대소득을 얻고 5년 후 15억원에 매도하였다면, 소득이득은 1억원이고 자본이득은 5억원이다.

② **절세효과 발생** : 임대사업을 영위하는 법인은 건물에 대한 감가상각과 이자비용을 세금산정시 비용으로 인정받을 수 있다.

| A회사의 세금 | B회사의 세금 : 돈 빌려서 부동산에 투자 | |
|---|---|---|
| 순영업소득(100억) | 순영업소득(100억) − **이자(10억)** − **감가상각비(20억)** | |
| × 세율(30%) | | 세율(30%) |
| = 30억 | | = 21억 |

③ **인플레이션 방어효과 발생**

㉠ 인플레이션 : 화폐와 실물자산 중 실물자산의 평균가격이 오르는 현상

㉡ 인플레 상황에서 부동산에 투자하면 화폐를 가지고 있는 것보다 유리하다.

④ **레버리지를 통한 수익극대화 실현 가능**

㉠ 부동산 투자자는 저당권과 전세제도 등을 통해 레버리지를 활용할 수 있다.

㉡ 레버리지는 부채이므로 투자위험(금융위험)도 같이 증가한다.

## 02 지렛대효과(자기자본수익률 계산)

### (1) 자기자본수익률 계산문제

**다음의 경우 1년간 자기자본수익률을 구하시오.**

- 기간 초 부동산가격 : 8억원
- 1년간 순영업소득(NOI) : 연 3천만원
- 대출조건 : 이자율 연 5%
- 융자금액 : 5억원
- 1년간 부동산가격 상승률 : 연 2%

| ① 집 그림을 그린다. | 총투자액 | |
|---|---|---|
| | 부채 | 지분투자액 |

| ② 투자금액을 적어 넣는다. | 800 | |
|---|---|---|
| | 500 | 300 |

③ 투자수익을 구해서 적어 넣는다.
총수익(46)에서 이자(25)를 **빼고**
남은 금액(21)이 내가 가져가는 금액이다.

$$\frac{30 + 16 = 46}{800}$$

| $\frac{25(이자)}{500}$ | $\frac{21}{300}$ |
|---|---|

④ 지렛대 효과 없이 전액 내 돈으로 8억원 투자한 경우 내가 가져가는 수익률은 5.75%지만, 은행에서 3억원을 빌려서 투자한 경우 내 수익률은 7%가 된다.

| 총자본수익률 5.75% | |
|---|---|
| 은행이자율 5% | 지분수익률 7% |

---

[기출] **부채비율이 50%, 총자본수익률**(또는 종합수익률)**이 10%, 저당수익률이 8%라면 자기자본수익률은 12%이다. (×) ⇨ 11%이다.**

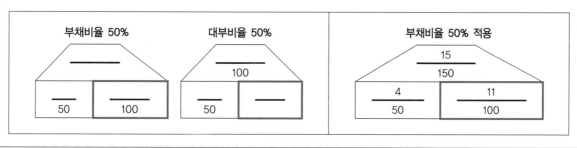

### (2) 지렛대효과의 개념

① 안전하지만 기대수익률이 낮은 곳(은행융자, 전세자금)에서 돈을 빌려서, 위험하지만 기대수익률이 높은 곳(부동산)에 투자하는 경우, 내 돈만 가지고 투자하는 경우와 비교해서 내 돈의 수익률이 높아지거나 더 낮아질 수 있는데 이것을 지렛대효과라고 한다.

② 여기서 빌린 돈이 지렛대(레버리지)의 역할을 해서 더 무거운 물건을 들어올리게 하거나 무리해서 지렛대가 부러지면 폭삭 망하는 것이다.

### (3) 정(+)의 지렛대효과, 부(−)의 지렛대효과, 중립적 지렛대효과

| (종합)<br>수익률 | | 정(+) | 잘했다 | 지분수익률 > 종합수익률<br>지분수익률 > 저당수익률<br>종합수익률 > 저당수익률 |
|---|---|---|---|---|
| (저당)<br>수익률 | (지분)<br>수익률 | 중립 | 본전 | 지분수익률 = 종합수익률 = 저당수익률 |
| | | 부(−) | 못했다 | 정(+)과 반대의 경우 |

① 부채비율 또는 대부비율이 상승할수록 정 또는 부의 지렛대효과는 더 커진다.

② 중립적 지렛대의 경우 부채비율의 증감은 지분수익률에 영향을 미치지 않는다.

---

[대표기출 : 27회 수정] 레버리지효과에 관한 설명으로 옳은 것을 모두 고른 것은?

㉠ 타인 자본의 이용으로 레버리지를 활용하면 위험이 감소된다.

㉡ 부채비율이 50%, 총자본수익률(또는 종합수익률)이 10%, 저당수익률이 8%라면 자기자본수익률은 11%이다.

㉢ 부(−)의 레버리지효과가 발생할 경우 부채비율을 낮추어서 정(+)의 레버리지효과로 전환할 수 있다.

㉣ 총자본수익률과 저당수익률이 동일한 경우 부채비율의 변화는 자기자본수익률에 영향을 미치지 못한다.

① ㉠, ㉢       ② ㉡, ㉢       ③ ㉡, ㉣

④ ㉠, ㉡, ㉢       ⑤ ㉠, ㉢, ㉣

⚠ 정답 ②

---

| 예상문제 19번 : 화폐의 시간가치 | | 기출 | | | | | | | |
|---|---|---|---|---|---|---|---|---|---|
| 01 | 화폐의 시간가치 계산 | | 27 | 28 | | 30 | 31 | 32 | 33 |
| 02 | 화폐의 시간가치 이론 | 26 | | | 29 | 30 | | 32 | |

## 01 화폐의 시간가치 계산

(1) 단리와 복리의 개념

① 단리는 초기의 원금에만 이자를 지급하는 것을 말하고, 복리는 원금뿐만 아니라 이자에도 이자를 지급하는 것을 말한다.

② 은행에 100원을 12%의 이자율로 1년 동안 예금하는 경우

　　⊙ 12개월 단리 적용시 : $100원 \times 1.12$ 　　　　 $= 112원$

　　ⓒ 6개월 복리 적용시 : $100원 \times 1.06 \times 1.06 = 112.36원$

(2) 이자율이 10%인 경우 : 현재의 100원 = 1년 후의 110원

| 미래가치 구하기(곱하기 1.1) | 현재가치 구하기(나누기 1.1) |
|---|---|
| 현재　　　　1년 후　　　　2년 후<br>├──────┼──────┤<br>100원 ──→ 110원 ──→ 121원 | 현재　　　　1년 후　　　　2년 후<br>├──────┼──────┤<br>82.6원 ←── 90.9원 ←── 100원 |

① 현재 100원을 은행에 저금하고 이자율이 10%라면 1년 후 110원을 찾는다. 즉 현재의 100원과 1년 후의 110원은 가치가 같은 것이다.

② 미래가치를 구할 때 1.1을 곱해 나가는데, 이때 1은 원금이고 0.1은 이자이다. 2년 후의 가치를 구하고 싶으면 1.1을 두 번 곱하면 된다.

③ 이자율이 20%라면 1.2를 곱하고, 이자율이 5%라면 1.05를 곱한다.

④ 현재가치를 구하는 경우라면 나누기를 하면 된다. 1년 후 100원의 현재가치는 '100원 ÷ 1.1 = 90.9'가 된다.

⑤ 시장이자율이 10%인 경우 이 이율을 이용해서 현재가치를 구하게 되면 이를 할인(割引)한다고 하고, 이때 적용되는 10%를 할인율이라고 한다.

## (3) 5년 후 1억원의 현재가치는?

- 할인율: 연 7%(복리계산)
- 최종 현재가치 금액은 십만원 자리 반올림함

① 6,100만원  ② 6,600만원  ③ 7,100만원
④ 7,600만원  ⑤ 8,100만원

⚠ 정답 ③

| 현 재 | 1년 후 | 2년 후 | 3년 후 | 4년 후 | 5년 후 |
|---|---|---|---|---|---|
| | | | | | 100,000,000 |
| 71,298,618원 | ← $\dfrac{100,000,000원}{(1+0.07)^5}$ | | | | |

71,298,618을 십만 단위에서 반올림하면 7,100만원이 된다.

## (4) 투자자 갑은 부동산 구입자금을 마련하기 위하여 3년 동안 매년 연말 3,000만원씩을 불입하는 정기적금에 가입하였다. 이 적금의 이자율이 복리로 연 10%라면 3년 후 이 적금의 미래가치는?

① 9,600만원  ② 9,650만원  ③ 9,690만원
④ 9,930만원  ⑤ 9,950만원

⚠ 정답 ④

| 현 재 | 1년 후 | 2년 후 | 3년 후 |
|---|---|---|---|
| | 3,000 | 3,000 | 3,000 |
| 3년 후의 가치 | | | 3,000 |
| | | $3,000 \times (1+0.1)$ → | 3,000 |
| | | $3,000 \times (1+0.1)^2$ → | 3,000 |
| | | 3,000 + 3,300 + 3,630 = | 9,930 |

$3,000 + (3,000 \times 1.1) + (3,000 \times 1.1 \times 1.1) = 9,930$

## 02 화폐의 시간가치 이론

**(1) 일시금과 연금의 구분**

① **일시금**: 금액이 1회만 발생하는 경우

② **연금**: 일정한 기간 + 동일한 금액의 반복

**(2) 연현사 연미육: 5년 기준**

| | 일시금의 현재가치계수 $(\frac{4}{6} \leftarrow 1)$ | $\frac{4}{6}$ | | 일시금의 미래가치계수 $(1 \longrightarrow \frac{6}{4})$ | $\frac{6}{4}$ |
|---|---|---|---|---|---|
| **현가 계수** | 연금의 현재가치계수 $(4 \leftarrow 1 \times 5)$ | 4 | **내가 계수** | 연금의 미래가치계수 $(1 \times 5 \longrightarrow 6)$ | 6 |
| | 저당상수 $(1 \div 5 \longrightarrow \frac{1}{4})$ | $\frac{1}{4}$ | | 감채기금계수 $(\frac{1}{6} \leftarrow 1 \div 5)$ | $\frac{1}{6}$ |

✎ 저당상수와 연금의 현재가치계수는 역수

**(3) 화폐의 시간가치(6개의 계수) 적용례**

① **뭉친 금액은 얼마인가?** (연금의 현재가치계수 또는 연금의 미래가치계수 적용)

　㉠ 매월 50만원씩 5년간 들어올 것으로 예상되는 임대료 수입의 현재가치는?

　㉡ 매월 연금형태로 받는 퇴직금을 일정기간 적립한 후에 달성되는 금액은?

　㉢ 미상환저당잔금은? (앞으로 갚아야 할 원리금상환액의 합계)

② **쪼갠 금액은 얼마인가?** (저당상수 또는 감채기금계수 적용)

　㉠ 원리금균등으로 대출을 받은 경우, 매기 원리금상환액은? (저당)

　㉡ 10년 후에 1억원을 모으기 위해 매월 말 불입해야 하는 적금액은? (감채)

③ **하나가 이동**: 나중 금액이 현재 얼마? 현재 금액이 나중에 얼마? (일시금 ~)

　㉠ 현재 10억원인 아파트가 매년 2%씩 가격이 상승한다고 가정할 때, 5년 후 아파트 가격은? (일시금의 미래가치계수)

　㉡ 나대지에 투자하여 5년 후 8억원에 매각하고 싶은 투자자가 투자가능한 현재 이 나대지의 최대 구입금액은? (일시금의 현재가치계수)

**[대표기출 : 32회] 화폐의 시간가치 계산에 관한 설명으로 옳은 것은?**

① 현재 10억원인 아파트가 매년 2%씩 가격이 상승한다고 가정할 때, 5년 후 아파트 가격을 산정하는 경우 연금의 미래가치계수를 사용한다.

② 원리금균등상환방식으로 담보대출을 받은 가구가 매월 상환할 금액을 산정하는 경우, 일시불의 현재가치계수를 사용한다.

③ 연금의 현재가치계수에 감채기금계수를 곱하면 일시불의 현재가치계수이다.

④ 임대기간 동안 월임대료를 모두 적립할 경우, 이 금액의 현재시점 가치를 산정한다면 감채기금계수를 사용한다.

⑤ 나대지에 투자하여 5년 후 8억원에 매각하고 싶은 투자자는 현재 이 나대지의 구입금액을 산정하는 경우, 저당상수를 사용한다.

⚠ 정답 ③

---

**[참고기출 : 31회]** A는 매월 말에 50만원씩 5년 동안 적립하는 적금에 가입하였다. 이 적금의 명목금리는 연 3%이며, 월복리 조건이다. 이 적금의 미래가치를 계산하기 위한 식으로 옳은 것은? (단, 주어진 조건에 한함)

① $500,000 \times \left\{ \dfrac{(1+0.03)^5 - 1}{0.03} \right\}$

② $500,000 \times \left\{ \dfrac{\left(1+\dfrac{0.03}{12}\right)^{5 \times 12} - 1}{\dfrac{0.03}{12}} \right\}$

③ $500,000 \times \left(1+\dfrac{0.03}{12}\right)^{5 \times 12}$

④ $500,000 \times \left\{ \dfrac{0.03}{1-(1+0.03)^{-5}} \right\}$

⑤ $500,000 \times \left\{ \dfrac{\dfrac{0.03}{12}}{1-\left(1+\dfrac{0.03}{12}\right)^{-5 \times 12}} \right\}$

⚠ 정답 ②

**📕 공식보고 계수 판단하기** (야매라서 변형공식에는 적용하면 안 됨)

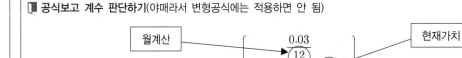

| 예상문제 20번 : 투자의 현금흐름 분석 | 기출 | | | | | | |
|---|---|---|---|---|---|---|---|
| 01 부동산투자의 현금흐름 개요 | | | | | | | |
| 02 운영수입 계산 | | | | | | | |
| 03 운영수입 이론 | 27 | 28 | 29 | 30 | | | |
| 04 매각수입 이론 | | | | | | | |

## 01 부동산투자의 현금흐름 개요

(1) **개 요**

투자분석은 나가는 돈(비용)과 들어오는 돈(편익)을 비교하는 작업이다.

(2) **비용분석**

① **투자비용** : 자기자본투자액(○), 총투자액(×)

② '자기자본 100억원 + 부채 100억원'으로 총액 200억원의 부동산을 취득한 경우, 투자분석에서 적용하는 비용은 자기자본투자액인 100억원으로 계산한다.

(3) **수익분석**

① 상가투자에 발생하는 수입은 '운영수입'과 '처분수입' 2종류이다.

② **운영수입과 처분수입**

┌ 운영수입 : 상가임대수입 개념 ⇨ 세후현금수지로 계상
└ 처분수입 : 상가매각수입 개념 ⇨ 세후지분복귀액으로 계상

## 02 운영수입 계산

[기출] 임대주택의 1년간 운영실적에 관한 자료이다. 세후현금수지는?

| | |
|---|---|
| • 호당 임대료 | 6,000,000원 |
| • 임대가능호수 | 40호 |
| • 공실률 | 10% |
| • 운영비용 | 16,000,000원 |
| • 원리금상환액 | 90,000,000원 |
| • 융자이자 | 20,000,000원 |
| • 감가상각액 | 10,000,000원 |
| • 소득세율 | 30% |

⚠ 정답

6,000,000 × 40 = 240,000,000

|  | | | |
|---|---|---|---|
| 240 | 가 | 공 | 24 |
| 216 | 유 | 경 | 16 |
| 200 | 순 | 은 | 90 |
| 110 | 전 | 세 | 51 |
| 59 | 후 | | |

[기출] 어느 회사의 1년 동안의 운영수지다. 세후현금수지는?

| | |
|---|---|
| • 가능총소득 : 4,800만원 | |
| • 공실가능총소득의 5% | |
| • 영업소득세율 : 연 20% | |
| • 원금상환액 : 200만원 | |
| • 이자비용 : 800만원 | |
| • 영업경비 : 240만원 | |
| • 감가상각비 : 200만원 | |

⚠ 정답

|  | | | |
|---|---|---|---|
| 4,800 | 가 | 공 | 240 |
| 4,560 | 유 | 경 | 240 |
| 4,320 | 순 | 은 | 1,000 |
| 3,320 | 전 | 세 | 664 |
| 2,656 | 후 | | |

**03** **운영수입 이론 − 세후현금수지의 계산과정** − 🔒 가유순전후 공경은세

📱 **가능총소득**: 단위당 임대료(50,000원) × 유효임대면적(200m$^2$) = 천만원

| 가능총소득<br>(PGI) | 가 | − 공실 | − 공실    : 임대되지 않고 비어있는 사무실 |
|---|---|---|---|
| | | | − 불량부채 : 회수 불가능한 임대료수입 |
| | | | + 기타수입 : 주차장수입 등 영업외수입 |
| 유효총소득<br>(EGI) | 유 | − 경비 | ┌ 포함 : 관리비+보험료+재산세+대체준비비 등<br>└ 불포함 :<br>　㉠ 공실, 부채S, 영업소득세, 감가상각비<br>　㉡ 취득세, 양도소득세<br>　㉢ 개인적 업무비, 소유자급여<br>　㉣ 자본적 지출(가치나 수익증진이 목적) |
| 순영업소득<br>(NOI) | 순 | − 은행 | ┌ 포함: 원리금상환액 + 부채서비스액 + 월부금<br>├ 내용: 원금 + 이자<br>└ 산정: 부채 × 저당상수 = 부채서비스액 |
| 세전현금수지<br>(BTCF) | 전 | − 세금 | ┌ 포함: 영업소득세<br>├ 산정: (**순**영업소득 − **이자** − **감**가상각비) × 세율<br>└ 산정: (세전현금수지+원금 − **감**가상각비) × 세율 |
| 세후현금수지<br>(ATCF) | 후 | | |

✏️ **용어해설**
1. **가능총소득**(가능조소득 = PGI): Potential Gross Income
2. **유효총소득**(유효조소득 = EGI): Effective Gross Income
3. **순영업소득**(순운영소득 = NOI): Net Operating Income
4. **세전현금수지**(세전현금흐름 = BTCF): Before-Tax Cash Flow
5. **세후현금수지**(세후현금흐름 = ATCF): After-Tax Cash Flow

## 04 매각수입 이론 – 세후지분복귀액 계산과정 – ⚙ 총순전후 경은세

| 총매도액 | 총 | – 경비 | 중개수수료, 법적 수속료, 기타경비 |
|---|---|---|---|
| 순매도액 | 순 | – 은행 | 잔금: 대부액 × 잔금비율(=1 – 상환비율) |
| 세전지분복귀액 | 전 | – 세금 | 양도소득세(자본이득세) |
| 세후지분복귀액 | 후 | | |

| 구 분 | 세후현금수지 | 세후지분복귀액 |
|---|---|---|
| 은 행 | 부채서비스액 | 잔금 |
| 세 금 | 사업소득세(영업소득세) | 양도소득세(자본이득세) |

### (1) 세후지분복귀액의 계산

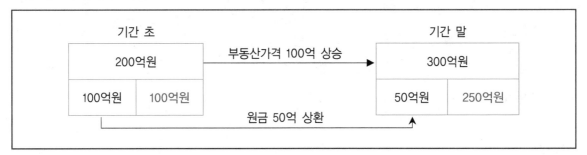

✎ **세후지분복귀액(250억원)** = 지분투자액(100) + 가격상승분(100) + 원금상환분(50)

### (2) 잔금비율 (부채 10억원, 상환금액 3억원, 잔금 7억원인 경우)

① 잔금비율 = $\dfrac{\text{잔금: 매기간 원리금상환액} \times \text{연금의 현가계수(잔존기간)}}{\text{원금: 매기간 원리금상환액} \times \text{연금의 현가계수(전체기간)}}$

② 상환비율(30%) + 잔금비율(70%) = 1(100%)

---

[대표기출: 30회] **부동산투자의 현금흐름 추정에 관한 설명으로 틀린 것은?**

① 순영업소득은 유효총소득에서 영업경비를 차감한 소득을 말한다.

② 영업경비는 부동산 운영과 직접 관련 있는 경비로, 광고비, 전기세, 수선비가 이에 해당된다.

③ 세전현금흐름은 지분투자자에게 귀속되는 세전소득을 말하는 것으로, 순영업소득에 부채서비스액(원리금상환액)을 가산한 소득이다.

④ 세전지분복귀액은 자산의 순매각금액에서 미상환 저당잔액을 차감하여 지분투자자의 몫으로 되돌아오는 금액을 말한다.

⑤ 부동산투자에 대한 대가는 보유시 대상부동산의 운영으로부터 나오는 소득이득과 처분시의 자본이득의 형태로 나타난다.

⚠ 정답 ③

---

| 예상문제 21번 : 수익과 위험 | | | 기출 | | | | |
|---|---|---|---|---|---|---|---|
| 01 | 부동산투자의 수익 | | | | 30 | 32 | 34² |
| 02 | 부동산투자의 위험 | 28 | 29 | | | | 34 |

## 01 부동산투자의 수익(률)

(1) **기대수익률**(예상수익률, 투자대상의 객관적인 수익률)

① 투자대상 부동산에서 기대할 수 있는 예상수입과 예상지출로 계산한 수익률이다.

② 기대수익률은 상황별 기대수익률을 가중평균하여 계산한다.

③ 예 시

| 구 분 | 자산비중 | 경제상황별 예상수익률 | | | |
|---|---|---|---|---|---|
| | | 호황(40%) | | 불황(60%) | |
| 상 가 | 20% | 20% | = 400 | 10% | = 200 |
| 오피스텔 | 30% | 25% | = 750 | 10% | = 300 |
| 아파트 | 50% | 10% | = 500 | 8% | = 400 |
| | | | = 1,650 | | = 900 |
| 기대수익률 = (1,650 × 0.4) + (900 × 0.6) = 1,200(12%) | | | | | |

(2) **요구수익률**(주관적인 수익률, 최소한의 수익률) ─ 🚨요구르트 비용 주소!!!

| 요구수익률(비용) | = | 시장금리(무위험률) | + | 위험대가율 | + | 예상인플레율 |
|---|---|---|---|---|---|---|

① **요구수익은 비용이다.** : 기회비용 또는 자본비용의 개념을 반영한다.

② **시장금리 반영** : 시장금리가 상승하면 투자자의 요구수익률도 상승한다.

③ **위험대가 반영** : 위험이 상승하면 요구수익률도 상승, 보수적 투자자일수록 위험에 대한 대가를 더 많이 요구한다.

④ **투자가치 산정시 적용**(시장가치 산정시는 기대수익률 적용)

$$\text{투자가치} = \frac{\text{예상순이익}}{\text{요구수익률(무위험률 + 위험할증률 + 예상인플레율)}}$$

(3) **기대수익률과 요구수익률의 관계**

기대수익률이 요구수익률보다 크거나 같으면 투자타당성이 있다고 판단한다.

(4) **실현수익률**

투자가 이루어지고 난 후에 실제로 달성된 사후적·역사적 수익률을 말한다.

[대표기출 : 30회] 상가 경제상황별 예측된 확률이 다음과 같을 때, 상가의 기대수익률이 8%라고 한다. 정상적 경제상황의 경우 (    )에 들어갈 예상수익률은?

| 상가의 경제상황 | | 경제상황별 예상수익률(%) | 상가의 기대수익률(%) |
|---|---|---|---|
| 상황별 | 확률(%) | | |
| 비관적 | 20 | 4 | |
| 정상적 | 40 | (    ) | 8 |
| 낙관적 | 40 | 10 | |

① 4　　　　　　　② 6　　　　　　　③ 8
④ 10　　　　　　 ⑤ 12

⚠ 정답 ③

[대표기출 : 34회] 부동산투자에 관한 설명으로 틀린 것은? (단, 주어진 조건에 한함)

① 시중금리 상승은 부동산투자자의 요구수익률을 하락시키는 요인이다.
② 기대수익률은 투자로 인해 기대되는 예상수입과 예상지출로부터 계산되는 수익률이다.
③ 정(+)의 레버리지효과는 자기자본수익률이 총자본수익률(종합수익률)보다 높을 때 발생한다.
④ 요구수익률은 투자에 대한 위험이 주어졌을 때, 투자자가 대상부동산에 자금을 투자하기 위해 충족되어야 할 최소한의 수익률이다.
⑤ 부동산투자자는 담보대출과 전세를 통해 레버리지를 활용할 수 있다.

⚠ 정답 ①

[대표기출 : 34회] 다음과 같은 투자안에서 부동산의 투자가치는? (단, 연간기준이며, 주어진 조건에 한함)

- 무위험률 : 3%
- 위험할증률 : 4%
- 예상인플레이션율 : 2%
- 예상순이익 : 4,500만원

① 4억원　　　　　② 4억 5천만원　　　③ 5억원
④ 5억 5천만원　　⑤ 6억원

⚠ 정답 ③

## 02 부동산투자의 위험

⑴ **투자위험**: 기대치가 실현되지 않을 가능성

> ┌ 기대수익률 12% ————————→ 실현수익률 12% ± α
> └ 요구수익률 10%
> 　　　　　　　　　　　　　　　　　　기대치가 실현 안 될 가능성
> 　　　　　　　　　　　위험 = 편차 = 분산 = 변이계수(위험 ÷ 수익)

⑵ **투자위험의 종류와 관리**

| 위험의 종류 | | 위험의 관리방법 | |
|---|---|---|---|
| **사업위험** | : 시장위험 + 운영위험 + 위치위험 | **위험전가**: 보험 | |
| **금융위험** | : 부채위험 | **위험보유**: 충당금 설정 | |
| **유동성위험**: | 현금부족위험 | **위험회피**: 투자대상에서 제외 | |
| **기타** | : 비용위험 + 인플레위험 + … | **위험통제**: 민감도분석 - 위험축소 | |

⑶ **위험의 처리방법**: 🚨 기하요상

　① **보수적 예측**: **기**대수익(투자수익의 추계치)을 **하**향 조정한다.

　② **위험조정할인율 적용**: 위험한 투자일수록 **요**구수익률(할인율)을 **상**향 적용한다.

⑷ **민감도분석**: 🚨 민변

　**민**감도분석은 투자효과를 분석하는 모형의 투입요소가 **변**화함에 따라, 그 결과치에 어떠한 영향을 주는가를 분석하는 기법이다.

⑸ **투자위험과 투자수익의 관계**: 🚨 위수정 위가반

　① **비례(상쇄)**: 투자대상의 위험이 상승하면 투자자가 요구하는 수익도 상승한다.

　② **반비례**: 투자대상의 위험이 상승하면 투자대상의 가치는 하락한다.

---

**[대표기출 : 28회]** **부동산투자의 위험분석에 관한 설명으로 틀린 것은?**

① 부동산투자에서 일반적으로 위험과 수익은 비례관계에 있다.

③ 보수적 예측방법은 투자수익의 추계치를 하향 조정한다.

④ 위험조정할인율법은 위험한 투자일수록 낮은 할인율을 적용한다.

⑤ 민감도분석은 투자효과를 분석하는 모형의 투입요소가 변화함에 따라, 그 결과치에 어떠한 영향을 주는가를 분석하는 기법이다.

⚠ 정답 ④

---

| 예상문제 22번 : 할인법(DCF기법) | | 기출 | | | | | | | | | |
|---|---|---|---|---|---|---|---|---|---|---|---|
| 01 | 할인법(DCF) 계산 | | | | | | | 31 | 32 | | | |
| 02 | 할인법(DCF) 이론 | 26 | 27 | 28 | 29 | 30 | | 32 | | 33 | 34 | |
| 03 | 순현가법과 내부수익률법 비교 | | | | | | | | | | | 35 |

## 01 할인법(DCF) 계산

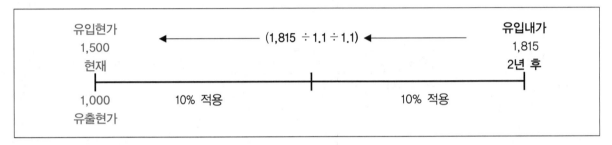

| 순현가 | 유입현가(1,500) − 유출현가(1,000) = 500 |
|---|---|
| 수익성지수 | 유입현가(1,500) ÷ 유출현가(1,000) = 1.5 |
| 내부수익률 | '유입현가$\left(\dfrac{1,815}{(1+x)^2}\right)$ = 유출현가(1,000)'  x = 34.72% |

[대표기출 : 32회] 다음 표와 같은 투자사업(A~C)이 있다. 모두 사업기간이 1년이며, 사업 초기(1월 1일)에 현금지출만 발생하고 사업 말기(12월 31일)에는 현금유입만 발생한다고 한다. 할인율이 연 5%라고 할 때 다음 중 옳은 것은?

| 투자사업 | 초기 현금지출 | 말기 현금유입 | 초기 현금유입 | 순현가 | 수익성지수 |
|---|---|---|---|---|---|
| A | 3,800만원 | 6,825만원 | 6,500 | 2,700 | 1.71 |
| B | 1,250만원 | 2,940만원 | 2,800 | 1,550 | 2.24 |
| C | 1,800만원 | 4,725만원 | 4,500 | 2,700 | 2.5 |

① 수익성지수(PI)가 가장 큰 사업은 A이다.
② 순현재가치(NPV)가 가장 큰 사업은 B이다.
③ 수익성지수가 가장 작은 사업은 C이다.
④ A의 순현재가치는 B의 순현재가치의 2.5배이다.
⑤ A와 C의 순현재가치는 같다.

⚠ 정답 ⑤

## 02 할인현금수지분석법(DCF기법) 이론

### (1) 개 요

할인현금수지분석법(DCF기법)은 장래 매 기간 불규칙하게 발생하는 현금흐름을 현재시점의 가치로 일치화시켜 분석하는 기법이다.

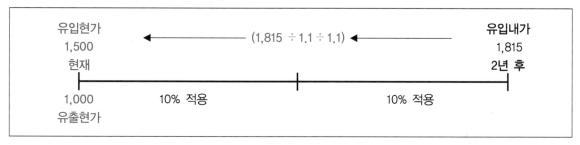

### (2) 할인법의 종류 🔔 순영씨 수일이가 내요.. 할인권 있어요.

| | |
|---|---|
| **순현가법** | ① 의의: 유입현가(1,500)에서 유출현가(1,000)를 차감한 값<br>② 판단: 순현재가치가 0보다 크거나 같으면 투자타당성이 있다.<br>③ 비고: 현재가치 산정시 할인율은 요구수익률을 적용한다. |
| **수익성지수법** | ① 의의: 유입현가(1,500)에서 유출현가(1,000)를 나눈 값<br>② 판단: 수익성지수가 1보다 크거나 같으면 투자타당성이 있다.<br>③ 비고: 순현재가치가 0인 투자안의 수익성지수는 1이다. |
| **내부수익률법** | ① 의 의<br>　⌐ 유입현가(1,000)와 유출현가(1,000)를 같게 하는 할인율<br>　├ 순현가를 0으로 만드는 할인율<br>　└ 수익성지수를 1로 만드는 할인율<br>② 판단: 내부수익률이 요구수익률보다 크거나 같으면 타당성 있다. |

---

**[대표기출 : 34회] 부동산투자분석에 관한 설명으로 틀린 것은?**

① 내부수익률은 수익성지수를 0으로, 순현재가치를 1로 만드는 할인율이다.
② 회계적 이익률법은 현금흐름의 시간적 가치를 고려하지 않는다.
③ 내부수익률법에서는 내부수익률과 요구수익률을 비교하여 투자여부를 결정한다.
④ 순현재가치법, 내부수익률법은 할인현금수지분석법에 해당한다.
⑤ 담보인정비율(LTV)은 부동산가치에 대한 융자액의 비율이다.

⚠ 정답 ①

## 03 순현가법과 내부수익률법 비교

### (1) 의 의

① 투자 우선순위 결정시 두 방법의 결과가 다를 수 있다.

② 순현가법이 더 우수하다. (좋은 말이면 순현가법에 해당한다)

### (2) 순현가법과 내부수익률법 비교

| 구 분 | 순현가법 | 내부수익률법 |
|---|---|---|
| 재투자율(할인율) | 요구수익률 적용 | 내부수익률 적용 |
| 복수해, 무해 | 가능성 없음 | 가능성 있음 ⇨ NPV로 재분석 |
| 부의 극대화 | 판단 가능 | 판단 불가능 |
| 가치가산원리 | 성립함 | 성립하지 않음 |

✏️ **부의 극대화 판단방법** : '부의 극대화'는 순현가로 판단한다.

| 가용자금 1억 | 필요자금 | 순현가 | 내부수익률 |
|---|---|---|---|
| A | 5,500만원 | 1,100만원 | 18% |
| B | 3,000만원 | 650만원 | 19% |
| C | 8,000만원 | 1,400만원 | 15% |
| D | 4,500만원 | 800만원 | 17% |

㉠ B + C + D : 투자불가능

㉡ B + D : 투자가능, 순현가 1,450만원

㉢ A + D : 투자가능, 순현가 1,900만원(부의 극대화)

---

**[대표기출 : 35회] 부동산투자분석기법에 관한 설명으로 틀린 것은?**

① 순현재가치법과 내부수익률법은 화폐의 시간가치를 반영한 투자분석방법이다.

② 복수의 투자안을 비교할 때 투자금액의 차이가 큰 경우, 순현재가치법과 내부수익률법은 분석결과가 서로 다를 수 있다.

③ 하나의 투자안에 있어 수익성지수가 1보다 크면 순현재가치는 0보다 크다.

④ 투자자산의 현금흐름에 따라 복수의 내부수익률이 존재할 수 있다.

⑤ 내부수익률법에서는 현금흐름의 재투자율로 투자자의 요구수익률을 가정한다.

⚠️ 정답 ⑤

| 예상문제 23번 : 비할인법 | | 기출 | | | | | | | | |
|---|---|---|---|---|---|---|---|---|---|---|
| 01 | 비할인법 계산 | 26 | 27 | 28 | 29 | 30 | | | 33 | 34[3] | 35 |
| 02 | 비할인법 이론 | 26 | | 28 | | | 31 | | 33[2] | | 35 |

## 01 비할인법 계산

| 총투자액 (가격) | 가 | 공 |
|---|---|---|
| | 유 | 경 |
| | 순 | 은 |
| 부채 | 전 | 세 |
| 지분 | 후 | |

① **금융비율**: 부채비율, 대부비율
② **승수**: 총소득승수, 순소득승수, 세전승수, 세후승수
③ **환원율**: 자본환원율, 지분환원율(지분배당률)
④ **재무비율**: 공실률, 경비비율, 채무불이행률, 부채감당률, 총자산회전율
⑤ 공경은세는 비용항목이므로 낮을수록 유리하다.

$$가능총소득승수 = \frac{총투자액}{가능총소득}$$

| 총투자액 (가격) | 가 | 공 |
|---|---|---|
| | 유 | 경 |
| | 순 | 은 |
| 부채 | 전 | 세 |
| 지분 | 후 | |

$$유효총소득승수 = \frac{총투자액}{유효총소득}$$

| 총투자액 (가격) | 가 | 공 |
|---|---|---|
| | 유 | 경 |
| | 순 | 은 |
| 부채 | 전 | 세 |
| 지분 | 후 | |

$$순소득승수 = \frac{총투자액}{순소득}$$

| 총투자액 (가격) | 가 | 공 |
|---|---|---|
| | 유 | 경 |
| | 순 | 은 |
| 부채 | 전 | 세 |
| 지분 | 후 | |

$$세전현금수지승수 = \frac{지분투자액}{세전현금수지}$$

| 총투자액 (가격) | 가 | 공 |
|---|---|---|
| | 유 | 경 |
| | 순 | 은 |
| 부채 | 전 | 세 |
| 지분 | 후 | |

$$세후현금수지승수 = \frac{지분투자액}{세후현금수지}$$

| 총투자액 (가격) | | 가 | 공 |
|---|---|---|---|
| | | 유 | 경 |
| | | 순 | 은 |
| 부채 | 지분 | 전 | 세 |
| | | 후 | |

$$환원이율 = \frac{순소득}{총투자액}$$

| 총투자액 (가격) | | 가 | 공 |
|---|---|---|---|
| | | 유 | 경 |
| | | 순 | 은 |
| 부채 | 지분 | 전 | 세 |
| | | 후 | |

$$지분환원율(지분배당률) = \frac{세전현금수지}{지분투자액}$$

| 총투자액 (가격) | | 가 | 공 |
|---|---|---|---|
| | | 유 | 경 |
| | | 순 | 은 |
| 부채 | 지분 | 전 | 세 |
| | | 후 | |

$$대부비율 = \frac{부채}{가격}$$

| 총투자액 (가격) | | 가 | 공 |
|---|---|---|---|
| | | 유 | 경 |
| | | 순 | 은 |
| 부채 | 지분 | 전 | 세 |
| | | 후 | |

$$부채비율 = \frac{부채}{지분}$$

| 총투자액 (가격) | | 가 | 공 |
|---|---|---|---|
| | | 유 | 경 |
| | | 순 | 은 |
| 부채 | 지분 | 전 | 세 |
| | | 후 | |

$$공실률 = \frac{공실}{가능총소득}$$

| 총투자액 (가격) | | 가 | 공 |
|---|---|---|---|
| | | 유 | 경 |
| | | 순 | 은 |
| 부채 | 지분 | 전 | 세 |
| | | 후 | |

$$영업경비비율 = \frac{영업경비}{유효총소득}$$

| 총투자액 (가격) | | 가 | 공 |
|---|---|---|---|
| | | ←유 | 경● |
| | | 순 | 은 |
| 부채 | 지분 | 전 | 세 |
| | | 후 | |

$$채무불이행률 = \frac{(영업경비 + 부채서비스액)}{유효총소득}$$

| 총투자액 (가격) | | 가 | 공 |
|---|---|---|---|
| | | ←유 | 경● |
| | | 순 | 은● |
| 부채 | 지분 | 전 | 세 |
| | | 후 | |

$$부채감당률 = \frac{순영업소득}{부채서비스액}$$

| 총투자액 (가격) | | 가 | 공 |
|---|---|---|---|
| | | 유 | 경 |
| | | ●순 | 은→ |
| 부채 | 지분 | 전 | 세 |
| | | 후 | |

$$총자산회전율 = \frac{가능(또는\ 유효)총소득}{총투자액}$$

| 총투자액 (가격) | | 가 | 공 |
|---|---|---|---|
| ←● | | 가 | 공 |
| ←● | | 유 | 경 |
| | | 순 | 은 |
| 부채 | 지분 | 전 | 세 |
| | | 후 | |

**[대표기출 : 29회]** ① **순소득승수,** ② **채무불이행률,** ③ **세후현금흐름승수를** 구하시오.

- 총투자액 : 15억원
- 지분투자액 : 4억원
- 유효총소득승수 : 6
- 영업경비비율(유효총소득 기준) : 40%
- 부채서비스액 : 6천만원/년
- 영업소득세 : 1천만원/년

⚠ 정답
① $1,500 \div 150 = 10$
② $(100 + 60) \div 250 = 0.64$
③ $400 \div 80 = 5$

**1단계 : 아부지**

| 총투자 | | 가유순 | 공경은 |
|---|---|---|---|
| | 지분 | 전후 | 세 |

**2단계 : 숫자 옮기기**

| 1,500 | 250 | 가유 | 공경 | 100 |
|---|---|---|---|---|
| | | 순 | 은 | 60 |
| | 400 | 90 전 | 세 | 10 |
| | | 80 후 | | |

---

**[대표기출 : 34회]** 甲은 아래 조건으로 부동산에 10억원을 투자하였다. 이에 관한 투자분석의 산출값으로 틀린 것은?

- 순영업소득(NOI) : 2억원/년
- 원리금상환액 : 2,000만원/년
- 유효총소득승수 : 4
- 지분투자액 : 8억원

| 1,000 | | 가유 | 공경 | 50 |
|---|---|---|---|---|
| | 250 | 순 | 은 | 20 |
| | 200 | 전 | 세 | |
| | 800 | 180 | 후 | |

① 유효총소득은 2억 5천만원
② 부채비율은 25%
③ 지분환원율은 25%
④ 순소득승수는 5
⑤ 종합환원율은 20%

⚠ 정답 ③

$$지분환원율 = \frac{세전현금수지\ 180}{지분투자액\ 800} = 0.225$$

## 02 비할인법 이론

⑴ **각종비율 종합정리**(이미지)

| 총투자액<br>(가격) | 가 | 공 |
|---|---|---|
| | 유 | 경 |
| | 순 | 은 |
| 부채 / 지분 | 전 | 세 |
| | 후 | |

① **금융비율**: 부채비율, 대부비율
② **승수**: 총소득승수, 순소득승수, 세전승수, 세후승수
③ **환원율**: 자본환원율, 지분환원율(지분배당률)
④ **재무비율**: 공실률, 경비비율, 채무불이행률, 부채감당률, 총자산회전율
⑤ 공경은세는 비용항목이므로 낮을수록 유리하다.

⑵ **대부비율**(융자비율 = 담보인정비율 = 대출비율 = LTV)**과 부채비율**

① 대부비율이 80%이면 ─────▶ 부채비율은 400%이다.
 └ 부채 80, 총투자액 100 대입     └ 80 나누기 20 = 4

| 100 | |
|---|---|
| 80 | 20 |

② 부채비율이 80%이면 ─────▶ 대부비율은 44%이다.
 └ 부채 80, 지분 100 대입       └ 80 나누기 180 = 0.44

| 180 | |
|---|---|
| 80 | 100 |

③ 대부비율이 상승하면 부채비율도 상승한다.

⑶ **승수와 환원이율**: 둘은 역수관계이다.

① **승수**: 투자금액이 매년 투자수익의 몇 배인가?
② **역수관계**: 순소득승수(＝자본회수기간)와 환원이율은 역수의 관계이다.
③ **비교대상**: 총투자액은 '가유순'과 비교하고, 지분투자액은 '전후'와 비교한다.

⑷ **기타의 비율**

① **채무불이행률**: 유효총소득에 대한 '영업경비 + 부채서비스액'의 비율
② **부채감당률**: 순영업소득을 부채서비스액으로 나눈 값 또는 부채서비스액에 대한 순영업소득의 비율이다. 부채감당률이 1보다 작다는 것은 순영업소득이 매기간의 원리금 상환액(부채S)을 감당하기에 부족하다는 것을 의미한다.

⑸ **자본환원율의 개념**

① 기회비용을 반영하므로, 자본시장에서 시장금리가 상승하면 함께 상승한다.
② 자본환원율이 상승하면 자산가격은 하락한다.
③ 프로젝트의 위험이 높아지면 자본환원율도 상승한다.
④ 부동산자산이 창출하는 순영업소득을 해당자산의 가격으로 나눈 값이다.

(6) **비율분석법의 한계**

① **비율 자체의 왜곡가능성**: 부동산가격을 과대평가 ⇨ 대부비율 왜곡

② 지분투자자와 대출자가 중시하는 비율이 다를 수 있다.

③ 같은 투자대안이라도 사용지표에 따라 투자결정이 다를 수 있다.

(7) **회계적 기법**(전통적인 투자평가기법)

① **평균이익률법**(회계적이익률법)

㉠ 의의: 평균이익률은 연평균순이익을 연평균투자액으로 나눈 값이다.

㉡ 판단: **평균이익률이** 목표이익률보다 **높으면 OK**(이름이 더 커야 OK)

② **자본회수기간법**

㉠ 의의: 자본회수기간은 투자금액을 모두 회수하는데 걸리는 기간을 말한다.

㉡ 판단: **예상회수기간이** 목표회수기간보다 **짧으면 투자타당성이 있다.**

㉢ 예시: 목표회수기간이 4년인 경우 아래의 투자안은 예상회수기간이 3년 6개월이므로 투자 타당성이 있다고 판단한다.

| 기 간 | 1년 | 2년 | 3년 | 4년 | 5년 |
|---|---|---|---|---|---|
| 1억원 투자 | | | | | |
| 순현금흐름 | 3,000만원 | 2,000만원 | 2,000만원 | 6,000만원 | 1,000만원 |
| 회수누적액 | 3,000 | 5,000 | 7,000 | 1억 ⇨ | 3.5년에 회수 완료 |

---

[대표기출: 35회] **자본환원율에 관한 설명으로 틀린 것은?** (단, 다른 조건은 동일함)

① 자본환원율은 순영업소득을 부동산의 가격으로 나누어 구할 수 있다.

② 부동산시장이 균형을 이루더라도 자산의 유형, 위치 등 특성에 따라 자본환원율이 서로 다른 부동 산들이 존재할 수 있다.

③ 자본환원율은 자본의 기회비용을 반영하며, 금리의 상승은 자본환원율을 낮추는 요인이 된다.

④ 투자위험의 증가는 자본환원율을 높이는 요인이 된다.

⑤ 서로 다른 유형별·지역별 부동산시장을 비교하여 분석하는데 활용될 수 있다.

⚠ 정답 ③

| 예상문제 24번 : 포트폴리오 이론 | | 기출 | | | | | | | | | |
|---|---|---|---|---|---|---|---|---|---|---|---|
| 01 | 평균분산모형 | | | | | | | | | | |
| 02 | 분산투자의 논리 | 26 | 27 | 28 | 29 | 30 | | 32 | 33 | 34 | 35 |
| 03 | 최적포트폴리오 선택과정 | | | | | | | | | | |

## 01 평균분산모형과 변이계수

(1) **평균분산모형**

① **의의**: 평균(수익)과 분산(위험)으로 투자안을 결정하는 방법

- 수익이 같으면(A=B) 위험이 낮은 투자안(A)을 선택한다.
- 위험이 같으면(B=D=E) 수익이 높은 투자안(E)을 선택한다.

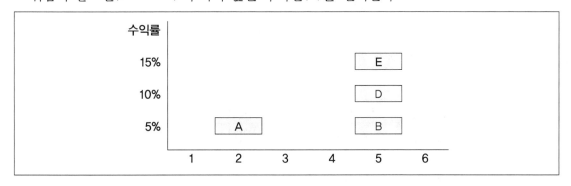

② **평균분산모형의 한계**

㉠ 위험이나 기대치 중 하나가 같아야 투자안의 우월성 여부를 판단할 수 있다.

㉡ A와 E 중 하나를 선택하라고 한다면 평균분산모형으로는 결정할 수 없다.

(2) **변이계수($\dfrac{위험}{수익}$)의 활용 및 포트폴리오이론(분산투자)의 활용**

① 평균분산법으로 판단이 어려운 투자안의 상대적 우월성을 판단한다.

② 변이계수는 위험을 의미하므로 변이계수가 낮을수록 좋은 투자안이다.

③ A와 E를 변이계수로 판단하면 E(0.33)가 A(0.4)보다 더 우월한 투자안이다.

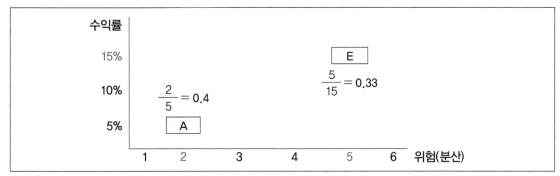

## 02 포트폴리오 이론 − 분산투자의 논리

### (1) 분산투자의 논리

① **원칙**: 위험과 수익은 상쇄관계이므로 위험을 줄이면 수익도 감소한다.

② **분산투자**: 수익을 줄이지 않고 비체계적 위험을 제거할 수 있다.

┌ **수익**: 결합투자안의 수익은 개별투자안의 **수익을 가중평균한 값**이다.
└ **위험**: 결합투자안의 위험은 개별투자안의 **위험을 가중평균한 값보다 작아질 수 있다.**
  (개별투자안의 위험 중 비체계적 위험은 제거가 가능하다.)

### (2) 체계적 위험과 비체계적 위험

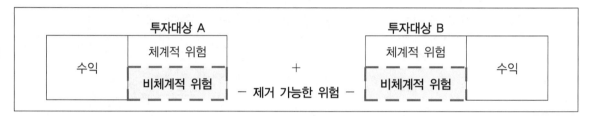

| 체계적 위험 | 제거불가능 | 시장위험 | 공통위험 | 피할 수 없음 |
|---|---|---|---|---|
| 비체계적 위험 | 제거가능 | 대상위험 | 개별위험 | 피할 수 있음 |

### (3) 비체계적 위험의 제거방법

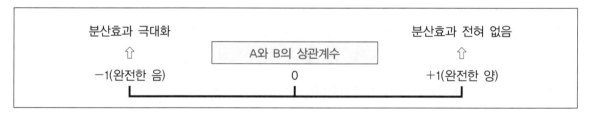

① **상관계수**

  ㉠ 의의: 상관계수란 두 변수 간의 **움직임의 방향과 크기**를 보여주는 지표다.

  ㉡ 숫자의 의미: **빙판길에서 두 사람이 손을 잡고 간다.**

    ┌ +1: 넘어지는 방향과 몸무게가 같은 두 사람: 위험분산효과 전혀 없음.
    ├ 0: 빙판길에서 넘어지는 사람과 넘어지지 않는 사람: **분산효과 있음.**
    └ −1: 넘어지는 방향은 반대고 몸무게는 동일: 위험분산효과 극대화

  ㉢ 상관관계가 − 1이면 비체계적 위험을 0까지 줄일 수 있다.

② **구성자산의 수**: 구성자산의 수가 많아질수록 위험의 분산효과가 커진다.

## 03 최적포트폴리오 선택과정

**(1) 효율적 프론티어**

① **효율적 포트폴리오**: 하나의 점 = 각 반 1등

  ⊙ 수익이 동일한 여러 개의 포트폴리오 중에서 가장 위험이 낮은 포트폴리오

  ⊙ 위험이 동일한 여러 개의 포트폴리오 중에서 수익이 가장 높은 포트폴리오

② **효율적 프론티어**: 각 점을 연결한 선 = 각 반 1등을 줄 세워 놓은 선

  ⊙ 형태: 효율적 프론티어는 우상향하는 형태를 가진다.

  ⊙ 우상향의 의미: 위험과 수익은 상쇄관계이다.

**(2) 무차별곡선**: 뭐 먹을래? 아무거나…

① **의의**: 투자자 입장에서 **동일한 효용을 주는 투자안들을 연결**해 놓은 곡선

② **형태**: 공격적 투자자는 완만하고(창), 보수적인 투자자는 가파르다(방패).

**(3) 최적 포트폴리오 선택**

① **선택기준**: 무차별곡선과 **효**율적 프론티어가 **접**하는 점

② **보수적인 투자자**

  ┌ 선택: 위험과 **수익이 낮은 투자안을 선택**한다.

  └ 요구: 위험증가시 동일한 위험증가에 대해 **더 높은 수익을 요구**한다.

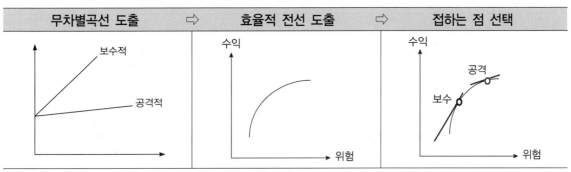

| 무차별곡선 도출 ⇨ | 효율적 전선 도출 ⇨ | 접하는 점 선택 |
|---|---|---|

---

[대표기출: 33회] **포트폴리오 이론에 관한 설명으로 틀린 것은?**

① 개별자산의 기대수익률 간 상관계수가 "0"인 두 개의 자산으로 포트폴리오를 구성할 때 포트폴리오의 위험감소효과가 최대로 나타난다.

② 포트폴리오의 기대수익률은 개별자산의 기대수익률을 가중평균하여 구한다.

③ 동일한 자산들로 포트폴리오를 구성하여도 개별자산의 투자비중에 따라 포트폴리오의 기대수익률과 분산은 다를 수 있다.

④ 무차별곡선은 투자자에게 동일한 효용을 주는 수익과 위험의 조합을 나타낸 곡선이다.

⑤ 최적 포트폴리오의 선정은 투자자의 위험에 대한 태도에 따라 달라질 수 있다.

⚠ 정답 ①

| 예상문제 25번 : 대출이자율과 대출금액 | | 기출 | | | | | | | | |
|---|---|---|---|---|---|---|---|---|---|---|
| 01 | 부동산금융 개요 | | | | | | | | | |
| 02 | 대출위험 | 26 | 27 | | | | | 33 | | |
| 03 | 대출이자율 결정 | | | | | | | | | |
| 04 | 융자가능금액 계산문제 | 26 | 27 | 28 | | | 31 | 32 | | 35 |

## 01 부동산금융 개요

### (1) 개 요

① **의의** : 부동산을 대상으로 하여 **필요한 자금을 융통**하는 일련의 과정이다.

② **구 분**

㉠ 주택소비금융 : 주택수요자에게 주택구입자금을 융통

㉡ 주택개발금융 : 주택개발업자 또는 건설회사에게 주택건설자금을 융통

### (2) 부동산금융시장의 구조

① 1차 저당시장이란 저당대부를 원하는 수요자가 저당대부를 제공하는 금융기관에게 저당을 설정해 주고 주택자금을 빌리는 시장을 말한다.

② 대출자(은행)를 저당권자라고 하고 차입자를 피저당권자라고 한다.

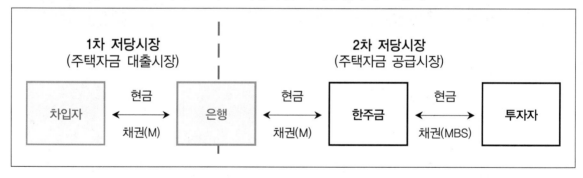

**(3) 대부비율**(융자비율, LTV, Loan-to-Value Ratio)

① **의의**: 대부비율이란 담보부동산의 가치에 대한 융자잔금의 비율($\frac{부채잔금}{부동산가치}$)을 말한다.

| 부동산가치 10억원 | | 시장가치 10억원인 주택을 담보로 4억원을 융자받았다면 |
|---|---|---|
| 부채 4억원 | 지분 6억원 | 대부비율은 4억원 ÷ 10억원 = 0.4 즉 40%가 된다. |

② **대부비율의 역할**: 대부비율이 높아질수록 은행 입장에서는 채무불이행의 가능성(금융위험)이 높아지므로 대출금리도 상승하게 된다.

③ **대부비율과 부동산수요**: 대부비율이 높아질수록 부동산수요는 증가한다.

**(4) 총부채상환비율**(DTI, Debt To Income)

① **의의**: 총부채상환비율이란 차입자의 입장에서 매년 갚아야 할 대출 원리금이 연간 소득에서 차지하는 비중이 얼마인지를 나타내는 비율($\frac{연간원리금상환액}{연간소득}$)이다.

② **DTI 규제 40%의 의미**: 정부가 DTI를 40%로 규제한다는 것은 차입자의 연간소득이 5,000만원인 경우 연간 원리금상환액이 2,000만원을 넘지 않도록 대출규모의 상한선을 정한다는 의미이다.

> ✎ **DTI(총부채상환비율)와 DSR(총부채원리금상환비율)의 구분**
> - DTI : $\frac{주택담보대출\ 원리금상환액\ +\ 기타대출\ 이자상환액}{연소득}$
> - DSR : $\frac{주택담보대출\ 원리금상환액\ +\ 기타대출\ 원리금상환액}{연소득}$

**(5) 원리금상환액**(월부금, 부채서비스액, 저당지불액, debt service)

① **원금 + 이자**: 매년 또는 매월 차입자가 대출자에게 갚아야 하는 원금과 이자의 합계액을 말한다. 우리나라의 경우 다양한 용어를 사용하기 때문에 수험생의 입장에서는 이들 용어가 동일한 의미로 사용된다는 사실을 잘 알고 있어야 한다.

② **이자율 = 할인율**: 상환방식에 관계없이 매 기간 갚아야 할 원리금상환액을 이자율로 할인한 값은 융자원금과 같다.

③ **상환기간과 차입자의 상환부담**: 일반적으로 대출상환기간이 길수록 자금수요자는 매번 상환부담이 가벼워져 부동산수요는 증가한다.

④ **저당상수와 원리금상환액**: 원리금균등분할상환조건으로 융자를 받는 경우 매 기간 원리금상환액은 빌린 금액에 저당상수를 곱해서 구한다.

## 02 금융위험

부동산금융에서 대출자(은행)의 입장에서 발생하는 위험에는 인플레이션 위험, 조기상환위험, 채무불이행위험, 유동성위험 등이 있다.

### (1) 인플레이션 위험

고정금리 대출시 시장이자율이 상승하면(인플레이션이 발생하면) 금융기관의 수익성이 악화되는데 이를 인플레이션위험이라고 한다.

### (2) 조기상환위험

① 고정금리 대출시 시장이자율이 하락하면 차입자의 조기상환가능성이 높아지는데 이를 조기상환위험이라고 한다.

② 조기상환이란 시장금리 하락시 차입자가 B은행에서 낮은 금리로 재융자를 받고 기존에 돈을 빌렸던 A은행의 높은 금리의 잔금을 다 갚아버리는 것을 말한다. 통상 A은행은 조기상환을 막기 위해서 조기상환수수료를 부과한다.

### (3) 채무불이행위험

① 변동금리 대출시 금리상승으로 인해 차입자의 이자부담이 상환능력 이상으로 커지면 차입자의 채무불이행이 발생할 수 있다.

② 담보부동산의 가격 폭락으로 대부비율이 100% 초과하는 경우에도 채무불이행위험이 발생할 수 있다.

### (4) 유동성위험(현금부족 위험)

① 자산의 구분

| 유동성이 높은 자산 | 현금, 주식, 예금 등 |
|---|---|
| 유동성이 낮은 자산 | 부동산, 장기채권(모기지) |

② **유동성위험**: 현금(유동성 높은 자산)을 빌려주고 장기채권(유동성 낮은 자산)을 받음으로써 발생한다.

③ **자산유동화**: 유동성이 낮은 자산을 유동성이 높은 자산으로 바꾸는 작업

| 부동산증권화 | 부동산을 주식으로 전환시킴(부동산투자회사) |
|---|---|
| 채권유동화 | 장기채권(M)을 현금이나 MBS로 전환시킴 |

## 03 대출이자율 결정

**(1) 대출위험이 상승하면 대출금리도 상승한다.**

① 장기대출이 단기대출보다 더 위험하다.

② 융자비율이 높아질수록 더 위험하다.

③ 변동금리대출보다 고정금리대출이 더 위험하다.

**(2) 대출이자율 = 기준금리 + 가산금리**

① **기준금리**(예금이자율): 코픽스금리(평균예금금리) 적용, **시장상황에 따라 변동**

② **가산금리**: 차입자의 신용도 등에 따라 결정

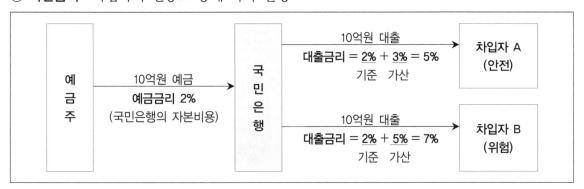

**(3) 고정금리(9%)와 변동금리(8%)**

① **고정금리**: 계약 당시의 약정금리로 만기까지 원리금을 상환하는 방식이다.

② **변동금리**

㉠ 시장상황에 따라 금리 또는 잔금을 조정하는 방식이다.

㉡ 위험을 차입자에게 전가시키는 방식이므로 고정금리보다 안전하다.

㉢ 이자율 조정주기가 짧은 상품일수록 더 확실하고 **빠르게** 전가시킬 수 있다.

㉣ 인플레이션이 예상되면 대출자는 변동금리 대출이 유리하다.

**(4) 실질금리와 명목금리**

실질금리(3%) = 명목금리(5%) − 실제로 발생한(예상 + 미예상) 인플레이션율(2%)

**(5) 이자는 먼저 받는 것이 유리하다.**

연간 이자율이 같은 1년 만기 대출의 경우 대출자(은행)는 기말에 한번 이자를 받는 것이 기간 중 4회 나누어 받는 것보다 불리하다.

## 04 최대융자가능금액 산정

### (1) 계산문제

A는 시장가치가 3억원인 부동산을 소유하고 있다. 대출 가능한 최대금액은?

| ① 주택인 경우 | ② 상가인 경우 |
|---|---|
| • 연소득 5천만원 | • 순영업소득 6천만원 |
| • 연간 저당상수 : 0.1 | • 연간 저당상수 : 0.1 |
| • LTV : 시장가치 기준 50% 이하 | • LTV : 시장가치 기준 50% 이하 |
| • 총부채상환비율(DTI) : 40% 이하 | • 부채감당률 : 1.2 |

| LTV 기준 | DTI 기준 | LTV 기준 | 부채감당률 기준 |
|---|---|---|---|
| $\dfrac{L}{V}=0.5$, $\dfrac{L}{300}=0.5$ <br><br> $L=150$ | $\dfrac{D}{I}=0.4$, $\dfrac{D}{50}=0.4$ <br><br> $D(부s)=20$ <br> 부채 $=20\div0.1=200$ | $\dfrac{L}{V}=0.5$, $\dfrac{L}{300}=0.5$ <br><br> $L=150$ | $\dfrac{순}{부}=1.2$, $\dfrac{60}{부}=1.2$ <br><br> 부s $=50$ <br> 부채 $=50\div0.1=500$ |
| 150과 200 중에서 적은 금액이 최대융자 가능금액이므로 150으로 결정한다. | | 150과 500 중에서 적은 금액이 최대융자 가능금액이므로 150으로 결정한다. | |

### (2) 이론정리 : 은행이 요구하는 대출기준

| 구 분 | 주 택 | 상업용 부동산 |
|---|---|---|
| 담보가치<br>기준 | **담보인정비율(LTV)**<br>Loan to Value Ratio<br>융자비율, 대출비율, 대부비율 | **담보인정비율(LTV)**<br>Loan to Value Ratio<br>융자비율, 대출비율, 대부비율 |
| 상환능력<br>기준 | **총부채상환비율(DTI)**<br>Debt To Income | **부채감당률(DSCR)**<br>debt service coverage ratio |

① 담보인정비율(LTV)은 담보가치에 대한 대출취급가능금액의 비율을 말한다.

② 총부채상환비율(DTI)은 차주의 소득을 중심으로 대출규모를 결정하는 기준이다.

③ 총부채원리금상환비율(DSR)은 차주의 총 금융부채 상환부담을 판단하기 위하여 산정하는 차주의 연간 소득 대비 연간 금융부채 원리금상환액 비율을 말한다.

| 예상문제 26번 : 대출원리금의 상환 | | | | 기출 | | | | | | |
|---|---|---|---|---|---|---|---|---|---|---|
| 01 | 원리금상환방법 계산 | 26 | | 28 | 29 | | 31 | 32 | | |
| 02 | 원리금상환방법 비교 | 26 | 27 | 28 | 29 | | | 32 | 33 | 35 |

## 01 원리금상환방법 계산

### (1) 원금균등분할상환

A씨는 은행으로부터 5억원을 대출받았다. 은행의 대출조건이 다음과 같을 때, 9회차에 상환할 원금, 이자, 원리금은?

- 대출금리 : 고정금리, 연 5%
- 대출기간 : 20년
- 원리금 상환조건 : 원금균등상환이고, 연단위 매기말 상환

### (2) 해설 (단위 : 백만원)

| 원금균등인지 원리금균등인지부터 확인 : 원금균등이면 '원금 ⇨ 이자 ⇨ 원리금'의 순서로 계산한다. ✎ 원금균등은 9회차의 값을 바로 구한다. | ① 원금 | |
|---|---|---|
| | ② 이자 | |
| | ③ 원리금 | |
| ① **9회차 원금 계산** : 은행에서 빌린 총액(부채 5억원)을 계약기간(20년)으로 나누어서 구한다. 원금상환액은 1회차와 9회차가 동일하다. | ① **원금** | $500 \div 20년 = 25$ |
| | ② 이자 | |
| | ③ 원리금 | |
| ② **9회차 이자 계산** : 9회차의 이자는 '남은 기간 × 원금상환액 × 이자율'로 구한다. 8회차까지 갚았으니 남은 기간은 12년이다. | ① 원금 | $500 \div 20년 = 25$ |
| | ② **이자** | $12년 \times 25 \times 0.05 = 15$ |
| | ③ 원리금 | |
| ③ **9회차 원리금 계산** : 9회차 원금와 9회차 이자를 합해서 9회차의 원리금을 구한다. | ① 원금 | $500 \div 20년 = 25$ |
| | ② 이자 | $12년 \times 25 \times 0.05 = 15$ |
| | ③ **원리금** | $25 + 15 = 40$ |

### (3) 원리금균등분할상환

A씨는 은행으로부터 4억원을 대출받았다. 은행의 대출조건이 다음과 같을 때, A씨가 3회차에 납부할 이자액을 순서대로 나열한 것은?

---

- 대출금리 : 고정금리, 연 6%
- 대출기간 : 20년
- 저당상수 : 0.087
- 상환조건 : 원리금균등상환방식, 연 단위 매기간 말 상환

---

| 원금균등인지 원리금균등인지부터 확인: 원리금균등이면 '원리금 ⇨ 이자 ⇨ 원금'의 순서로 계산한다. ✎ 원리금균등은 1회차의 값부터 구한다. | ① 원금 | |
|---|---|---|
| | ② 이자 | |
| | ③ 원리금 | |

| ① **원리금 계산**: 원리금균등상환의 조건에서 원리금은 '부채 × 저당상수 = 부채서비스액'의 공식을 이용해서 구한다. | ① **원금** | $400 \times 0.087 = \mathbf{34.8}$ |
|---|---|---|
| | ② 이자 | |
| | ③ 원리금 | |

| ② **첫기 이자 계산**: 첫기의 이자는 부채총액(4억원)에 이자율(6%)을 곱해서 구한다. | ① 원금 | 34.8 |
|---|---|---|
| | ② **1회 이자** | $400 \times 0.06 = \mathbf{24}$ |
| | ③ 원리금 | |

| ③ **첫기 원금 계산**: 첫기 원금은 첫기 원리금에서 이자를 차감해서 구한다. | ① 원금 | 34.8 |
|---|---|---|
| | ② 이자 | 24 |
| | ③ **1회 원금** | $34.8 - 24 = \mathbf{10.8}$ |

| ④ **3회차 원금 계산**: 원금상환액은 매기 이자감소분만큼 증가하므로 전기 원금에 1.06을 곱해서 다음 기 원금상환액을 구한다. | ① 원금 | |
|---|---|---|
| | ② 이자 | |
| | ③ **3회 원금** | $10.8 \times 1.06^2 = \mathbf{12.13}$ |

| ⑤ **3회차 이자 계산**: 3회차 원리금에서 3회차 원금을 차감해서 구한다. | ① 원리금 | 34.8 |
|---|---|---|
| | ② **3회 이자** | $34.8 - 12.13 = \mathbf{22.67}$ |
| | ③ 3회 원금 | 12.13 |

## 02 원리금상환방법 비교

### (1) 상환방법의 종류

| 완전상환저당 | 부분상환저당 | 비상환저당 |
|---|---|---|
| • 상환기간 중 원금 전액상환 <br>   ┌ 원금균등상환 <br>   ├ 원리금균등상환 <br>   └ 점증식상환 | 상환기간 중 원금의 일정 부분 상환 | • 상환기간 중 이자만 상환 <br> • 원금은 만기일시상환 |

### (2) 상환방법 비교

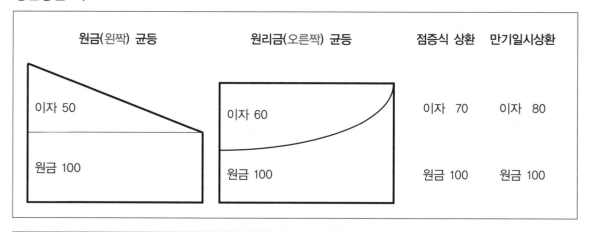

| 구 분 | | 원금균등 | 원리금균등 | 점증식 | 만기일시 |
|---|---|---|---|---|---|
| 초기 원리금상환액(DTI) | | 가장 많음 | | | |
| 중도상환시 잔금(LTV) | | | | | 가장 많음 |
| 총 (누적) | 원금상환액 | 100 | 100 | 100 | 100 |
| | 이자상환액 | 50 | 60 | 70 | 80 |
| | 원리금상환액 | 150 | 160 | 170 | 180 |

✏ **점증식 상환**(GPM : Graduated Payment Mortgage)

① 초기상환액은 적게 하고 차입자의 소득이 증가함에 따라 상환액을 증가시킨다.

② 초기에 부(−)의 상환이 발생해서 잔금이 부채금액을 초과할 수 있다.

③ 차입자의 지불능력 증가와 자산가치의 상승에 적합한 이상적인 방식이다.

④ 저소득층, 미래에 소득이 보장되는 신혼부부, 젊은 직장인에게 유리하다.

[대표기출 : 32회] **대출 상환방식에 관한 설명으로 옳은 것은?**

① 원리금균등상환방식의 경우, 매기 상환하는 원금이 점차 감소한다.
② 원금균등상환방식의 경우, 매기 상환하는 원리금이 동일하다.
③ 원금균등상환방식이 원리금균등상환방식보다 중도상환시 대출잔금이 더 작다.
④ 점증(체증)상환방식이 장래 소득이 줄어들 것으로 예상되는 차입자에게 적합하다.
⑤ 만기일시상환방식의 경우, 원금균등상환방식에 비해 대출 금융기관의 이자수입이 줄어든다.

⚠ 정답 ③


[대표기출 : 35회] **고정금리대출의 상환방식에 관한 설명으로 옳은 것을 모두 고른 것은?** (단, 주어진 조건에 한하며, 다른 조건은 동일함)

> ㉠ 만기일시상환대출은 대출기간 동안 차입자가 원금만 상환하기 때문에 원리금상환구조가 간단하다.
> ㉡ 체증식분할상환대출은 대출기간 초기에는 원리금상환액을 적게 하고 시간의 경과에 따라 늘려가는 방식이다.
> ㉢ 원리금균등분할상환대출이나 원금균등분할상환대출에서 거치기간이 있을 경우, 이자지급총액이 증가하므로 원리금지급총액도 증가하게 된다.
> ㉣ 대출채권의 가중평균상환기간(duration)은 원금균등분할상환대출에 비해 원리금균등분할상환대출이 더 길다.

① ㉠, ㉡          ② ㉠, ㉢          ③ ㉡, ㉢
④ ㉡, ㉢, ㉣      ⑤ ㉠, ㉡, ㉢, ㉣

⚠ 정답 ④

| 예상문제 27번 : 2차 저당시장과 저당유동화 | | | | 기출 | | | | | |
|---|---|---|---|---|---|---|---|---|---|
| 01 | 저당유동화 개요 | | 27 | | 30 | | 33 | | |
| 02 | 유동화증권의 종류 | 26 | 27 | 28 | | | 32 | | 34 | 35 |
| 03 | 한국주택금융공사 | 26 | | 28 | | 31 | | 33 | | 35 |

## 01  저당유동화 개요

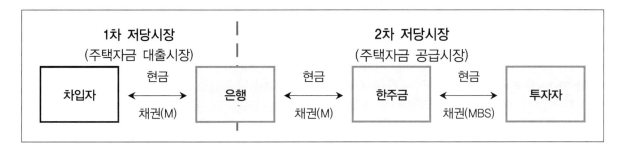

(1) **1차 저당시장**(주택자금 대출시장)

① 금융기관이 주택수요자의 주택을 담보로 잡고 주택자금을 대출해주는 시장이다.

② 저당대출을 원하는 수요자와 저당대출을 제공하는 금융기관으로 형성된다.

③ 주택저당채권(M)이 형성된다.

(2) **2차 저당시장**(주택자금 공급시장)

① 한국주택금융공사(SPC)가 투자자에게 주택저당증권(MBS)을 팔아서 현금을 확보하고 이를 은행에게 공급해주는 시장이다.

② 특별목적회사(SPC)를 통해 투자자로부터 자금을 조달해서 1차 저당시장에 대출자금을 공급한다.

③ 대출기관(은행), 유동화중개기구(한주금, SPC), 투자자로 구성된다.

④ M이 MBS로 전환되어 매각된다.

---

[대표기출 : 25회] **주택금융에 관한 설명으로 틀린 것은?**

① 주택금융은 주택자금조성, 자가주택공급확대, 주거안정 등의 기능이 있다.

② 주택소비금융은 주택을 구입하려는 사람이 주택을 담보로 제공하고 자금을 제공받는 형태의 금융을 의미한다.

③ 담보인정비율(LTV)은 주택의 담보가치를 중심으로 대출규모를 결정하는 기준이고, 차주상환능력(DTI)은 차입자의 소득을 중심으로 대출규모를 결정하는 기준이다.

④ 제2차 저당대출시장은 저당대출을 원하는 수요자와 저당대출을 제공하는 금융기관으로 형성되는 시장을 말하며, 주택담보대출시장이 여기에 해당한다.

⚠ 정답 ④

---

### (3) 자산(A)유동화와 저당(M)유동화

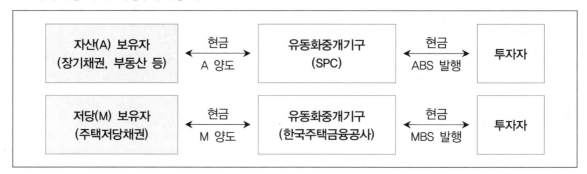

### (4) 주택저당채권(M)과 유동화증권(MBS)의 비교 : 영어로 바꾸는 연습 필수!!!

한국주택금융공사는 주택저당채권을 기초로 하여 주택저당증권을 발행하고 있다.

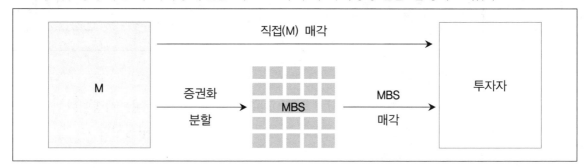

| 구 분 | 주택저당채권(M) | 주택저당증권(MBS : 국채로 인식할 것) | |
|---|---|---|---|
| 금 액 | 1억원 | 백만원 | M 1개 = MBS 100개 |
| 만 기 | 30년 | 10년 | 조기상환을 미리 예측해서 결정 |
| 수익성 | 5% | 3% | 은행 1% + 한주금 1% + 투자자 3% |
| 안전성 | 낮음 | 높음 | 한주금이 지급보증 |
| 유동성 | 낮음 | 높음 | |

### (5) 유동화전문회사(유동화중개기구 = 특수목적회사 = SPC)

① 자산유동화 작업을 하기 위해서는 자산보유자가 가지고 원래의 큰 자산을 잘게 쪼개서 매각이 쉬운 형태의 작은 증권으로 바꾸어야 하는데, 이런 작업을 하기 위해서 만든 회사를 유동화전문회사라고 한다.

② 유동화중개기구는 유동화증권을 발행하기 위한 특수목적을 가지고 만들어지는 회사(SPC; Special Purpose Company)이다.

③ 유동화전문회사가 필요한 이유는 증권발행 비용절감과 증권발행사의 신용도 증가 등에 있다.

④ ABS 중에서 주택저당채권을 기초자산으로 해서 발행하는 MBS는 우리나라의 경우 법에서 한국주택금융공사가 MBS를 발행하도록 규정하고 있다.

⑥ 저당유동화의 효과 - MBS증권의 발행효과

① 대출기관

㉠ 유동성증가, 유동성문제 해결

㉡ 주택수요자에게 안정적인 장기대출이 가능

㉢ 한정된 재원으로 많은 수요자에게 필요한 자금 공급

㉣ BIS비율(안전한 자산의 비율) 상승

② 기 타

㉠ 주택수요증가: 주택에 대한 수요가 증가하고 주택가격은 상승하게 된다.

㉡ 정부개입: 정부는 MBS 발행량을 조정해서 주택금융자금의 수급불균형을 해소하고 주택시장을 안정시킬 수 있다.

㉢ 증권투자대상: 증권투자자는 안정적인 장기투자(MBS)를 할 수 있다.

---

[대표기출 : 30회] **저당담보부증권(MBS) 도입에 따른 부동산시장의 효과에 관한 설명으로 틀린 것은?** (단, 다른 조건은 동일함)

① 주택금융이 확대됨에 따라 대출기관의 자금이 풍부해져 궁극적으로 주택자금대출이 확대될 수 있다.

② 주택금융의 대출이자율 하락과 다양한 상품설계에 따라 주택 구입시 융자받을 수 있는 금액이 증가될 수 있다.

③ 주택금융의 활성화로 주택건설이 촉진되어 주거안정에 기여할 수 있다.

④ 주택금융의 확대로 자가소유가구 비중이 감소한다.

⑤ 대출기관의 유동성이 증대되어 소비자의 담보대출 접근성이 개선될 수 있다.

⚠ 정답 ④

## 02 유동화증권의 종류

MBS증권은 원리금수취권(편의상 P로 표시)과 저당소유권(편의상 S로 표시)이 어떻게 분배되는가에 따라 MPTS, MBB, MPTB, CMO 등의 증권으로 구분한다.

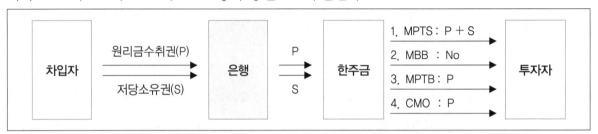

| | 종 류 | | 특 징 |
|---|---|---|---|
| 1 | MPTS 가장 위험 | | ① 지분증권: 수익이 가장 높은 증권<br>② 위험최고<br>　ㄱ 방어 안 됨: 콜 방어(×), 조기상환 방어(×)<br>　ㄴ 담보 없음 = (초과)담보 없다. |
| 2 | MBB 가장 안전 | | ① 가장 안전한 증권: 모든 것은 발행자가 책임진다.<br>② 위험최소<br>　ㄱ 방어 다 됨. 수명 가장 길다.<br>　ㄴ 초과담보 많음(빌린 돈보다 담보금액이 더 크다). |
| 3 | MPTB 혼합형 | 채<br>소<br>밭<br>에<br><br>조<br>기<br>투<br>자 | ① 혼합형 증권: 위험과 수익을 반반씩 나눈 증권<br>② 채소밭: **채**무불이행위험과 **소**유권은 **발**행자가 보유 |
| 4 | CMO 다양한 | | ① 다양한 증권: 혼합형 + 모듬회<br>② 만기와 이자율이 다른 여러 종류(다계층)의 채권이다.<br>③ 선순위증권과 후순위증권<br><br>| CMO | 선순위증권 | 후순위증권(위험) |<br>|---|---|---|<br>| 신용등급 | AAA | BB |<br>| 발행금액 | 1조원(이자율 2%) | 14억원(이자율 14%) |<br>| 종 류 | 8종류(1년~20년) | 1종류(21년) | |

---

**[대표기출 : 35회] 주택저당담보부채권(MBB)에 관한 설명으로 옳은 것은?**

① 유동화기관이 모기지 풀을 담보로 발행하는 지분성격의 증권이다.
② 차입자가 상환한 원리금은 유동화기관이 아닌 MBB 투자자에게 직접 전달된다.
③ MBB 발행자는 초과담보를 제공하지 않는 것이 일반적이다.
④ MBB 투자자는 MPTS에 비해 현금흐름이 안정적이지 못해 불확실성이 크다.
⑤ MBB 투자자는 채무불이행위험과 조기상환위험을 부담하지 않는다.

⚠ 정답 ⑤

## 03  한국주택금융공사의 주택연금

### (1) 일반저당과 주택연금(역저당)의 비교

**일반저당**

| 부동산가격 5억원 | |
| --- | --- |
| 초기 부채 3억원<br>매월 부채잔금 감소 | 지분증가 |

- 3억원을 일시금으로 빌려서
- 매월 200만원씩 상환
- 부채잔금은 후반으로 갈수록 감소

**주택연금(역저당)**

| 부동산가격 5억원 | |
| --- | --- |
| 초기 부채 0원<br>매월 부채잔금 증가 | 지분감소 |

- 매월 연금으로 100만원씩 빌리고
- 사망시 일시금을 전액 상환(유동적)
- 부채잔금은 후반으로 갈수록 증가

---

✎ **주택연금 수령액 간편계산** – 개념만 이해하세요.

(주택가격상승률과 대출금리가 같고 보증료 등 기타 비용 없다고 가정)

- 50세와 60세 부부가 주택가격 2억원에 대해 주택연금 가입할 경우

$$주택연금수령액 = \frac{200,000,000원}{600개월(50세 \sim 100세)} = 333,333원$$

- 85세와 87세 부부가 주택가격 8억원에 대해 주택연금 가입할 경우

$$주택연금수령액 = \frac{800,000,000원}{180개월(85세 \sim 100세)} = 4,444,444원$$

---

### (2) 주택연금의 내용

① **의의** : 만 55세 이상(부부기준)이 소유주택을 담보로 맡기고 평생 혹은 일정한 기간 동안 매월 연금방식으로 노후생활자금을 지급받는 국가보증의 금융상품이다.

② **담보제공방식**

| 구 분 | 저당권방식 | 신탁방식 |
| --- | --- | --- |
| 담보제공(소유권) | 근저당권 설정(가입자) | 신탁등기(공사) |
| 가입자 사망시 배우자 연금승계 | 소유권이전등기 절차 필요 | 자동승계 |
| 보증금 있는 일부 임대 | 불가능 | 가능 |

③ **가입요건**

| 가입연령 | 주택소유자 **또는** 배우자가 **만 55세 이상** |
| --- | --- |
| 주택보유수 | 1주택자 또는 다주택자(합산가격 **공시가격 12억원 이하**) |
| 대상주택 | 공시가격 12억원 이하의 주택 및 신고된 노인복지주택(○)<br>주거용 오피스텔(○), 업무용 오피스텔(×) |
| 거주요건 | 가입자 또는 배우자가 실제 거주해야 한다. |

④ **주택연금의 장점**

    ㉠ 평생거주, 평생지급 : 평생 동안 가입자 및 배우자 모두에게 거주를 보장한다. 그리고 부부 중 한 명이 사망한 경우에도 연금감액 없이 100% 동일금액의 지급을 보장한다.

    ㉡ 국가가 보증 : 국가가 연금지급을 보증하므로 연금지급 중단 위험이 없다.

    ㉢ 합리적인 상속 : 부부 모두 사망 후 주택을 처분해서 정산하면 되고 연금수령액 등이 집값을 초과하여도 상속인에게 청구하지 않으며, 반대로 집값이 남으면 상속인에게 돌아간다.

| 금액 비교 | 정산방법 |
|---|---|
| 주택처분금액 〉 연금지급총액 | 남는 부분은 채무자(상속인)에게 돌아감 |
| 주택처분금액 〈 연금지급총액 | 부족분에 대해 채무자(상속인)에게 별도 청구 없음 |

    ㉣ 세제혜택 : 저당권 설정시 등록면허세와 지방교육세 감면, 농어촌특별세 면제, 국민주택채권 매입의무 면제, 대출이자비용 소득공제, 재산세 감면 등이 있다.

⑤ **절차** : 공사는 연금 가입자를 위해 은행에 보증서를 발급하고, 은행은 공사의 보증서에 의해 가입자에게 주택연금을 지급한다.

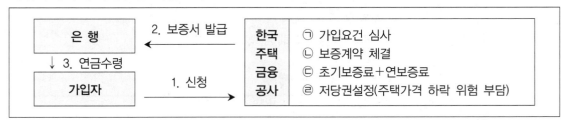

---

[대표기출 : 35회] **주택담보노후연금(주택연금)에 관한 설명으로 옳은 것은?**

① 주택소유자와 그 배우자의 연령이 보증을 위한 등기시점 현재 55세 이상인 자로서 소유하는 주택의 기준가격이 15억원 이하인 경우 가입할 수 있다.

② 주택소유자가 담보를 제공하는 방식에는 저당권 설정 등기 방식과 신탁 등기 방식이 있다.

③ 주택소유자가 생존해 있는 동안에만 노후생활자금을 매월 연금 방식으로 받을 수 있고, 배우자에게는 승계 되지 않는다.

④ 「주택법」에 따른 준주택 중 주거목적으로 사용되는 오피스텔의 소유자는 가입할 수 없다.

⑤ 주택담보노후연금(주택연금)을 받을 권리는 양도·압류할 수 있다.

⚠ 정답 ②

| 예상문제 28번 : 공급자금융 | 기출 | | | | | | |
|---|---|---|---|---|---|---|---|
| 01 민간자본유치사업(BTO와 BTL) | 26 | 27 | 28 | | 31 | 32 | 34 |
| 02 프로젝트 금융 | | 27 | | 29 | | | 34 |
| 03 지분금융과 부채금융 구분 | 26 | | 28 | 29 | 31 | 32 | |

## 01 민간자본유치사업

### (1) 개 요

고속도로, 도서관 등 국가차원에서 시행해야 하는 사업인데 국가가 돈이 부족한 경우, 일단 민간에게 민간자본으로 해당 사업을 먼저 하도록 하고 국가가 돈을 마련해서 나중에 민간에게 지불하는 방식을 민간자본유치사업이라고 한다.

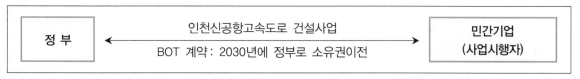

| B : 민간이 건설하다. | T : 소유권을 국가에 이전하다. |
|---|---|
| O : 민간이 운영하다. | L : 국가에 빌려주고 임대료를 받다. |

### (2) 사업방식의 종류

| 투자방식 | 주요 특성 |
|---|---|
| BTO | 사회기반시설의 준공과 동시에 당해 시설의 소유권이 국가 또는 지방자치단체에 귀속되며, 사업시행자에게 일정 기간의 시설관리운영권을 인정<br>• 도로, 터널(사회기반시설) 등 |
| BTL | 준공과 동시에 시설소유권이 국가 등에 귀속되며, 사업시행자에게 일정 기간의 시설운영권을 인정하되 그 시설을 국가 등이 협약에서 정한 기간 동안 임차하여 사용·수익하는 방식<br>• 공공교육시설(초등학교 신축사업) 등 |
| BOT | 사회기반시설의 준공 후, 일정 기간 동안 사업시행자에게 당해 시설의 소유권이 인정되며, 기간 만료시 시설소유권이 국가 등에 귀속되는 방식 |
| BOO | 사회기반시설의 준공과 동시에 사업시행자에게 당해 시설의 소유권이 인정되는 방식 |
| BLT | 사업시행자가 사회기반시설을 준공한 후, 일정 기간 동안 타인에게 임대하고, 임대기간 종료 후 시설물을 국가 또는 지방자치단체에 이전 |
| ROT (rehabilitate) | 국가 또는 지방자치단체 소유의 기존시설을 정비한 사업시행자에게 일정 기간 동안 시설에 대한 운영권을 인정 |

## 02 프로젝트금융(Project financing)

### (1) 개 요

① **의의**: 특정 프로젝트로부터 향후 일정한 현금흐름이 예상되는 경우, 미래에 발생할 현금흐름과 사업자체자산을 담보로 자금을 조달하는 금융기법이다.

② **담보**: 개발사업의 수익성(○)+사업자산(○)+사업주의 자산과 신용(×)

③ **고위험과 고수익**

④ **원리금상환**: 원리금상환은 해당사업에서 발생하는 현금흐름으로 한다.

### (2) 구조와 특징

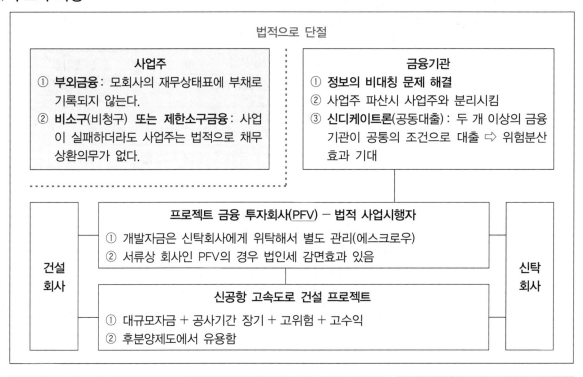

**✎ PF ABS(자산유동화증권)와 PF ABCP(자산유동화 기업어음)**
금융기관은 PF ABS(자산유동화증권) 또는 만기가 짧고 발행이 간편한 PF ABCP(자산유동화 기업어음)를 발행하여 자금을 조달할 수 있다.

[대표기출 : 24회, 26회, 28회, 31회] **부동산개발에 관한 설명으로 옳은 것은?**

② BTL(build-transfer-lease) : 사업시행자가 시설을 준공하여 소유권을 보유하면서 시설의 수익을 가진 후 일정 기간 경과 후 시설소유권을 국가 또는 지방자치단체에 귀속시키는 방식이다.

③ BTO(build-transfer-operate) : 사업시행자가 시설의 준공과 함께 소유권을 국가 또는 지방자치단체로 이전하고, 해당 시설을 국가나 지방자치단체에 임대하여 수익을 내는 방식이다.

④ BOT(build-operate-transfer) : 시설의 준공과 함께 시설의 소유권이 국가 또는 지방자치단체에 귀속되지만, 사업시행자가 정해진 기간 동안 시설에 대한 운영권을 가지고 수익을 내는 방식이다.

⑤ BOO(build-own-operate) : 시설의 준공과 함께 사업시행자가 소유권과 운영권을 갖는 방식이다.

⚠ 정답 ⑤

[대표기출 : 29회, 30회] **사업주가 특수목적회사인 프로젝트회사를 설립하여 프로젝트 금융을 활용하는 경우에 관한 설명으로 옳은 것은?**

① 프로젝트 금융의 상환재원은 사업주의 모든 자산을 기반으로 한다.
② 사업주의 재무상태표에 해당 부채가 표시된다.
③ 해당 프로젝트가 부실화되더라도 대출기관의 채권회수에는 영향이 없다.
④ 일정한 요건을 갖춘 프로젝트 회사는 법인세 감면을 받을 수 있다.
⑤ 프로젝트 사업의 자금은 차주가 임의로 관리한다.

⚠ 정답 ④

## 03 부동산금융의 방식

### (1) 지분금융과 부채금융

| 총투자 100억원 | | |
|---|---|---|
| **부채금융 80억원**<br>(빌린 돈 − 이자지급) | **메자닌금융**<br>🔔 후배전신에 매달린 증권 | **지분금융 20억원**<br>(투자유치 − 배당지급) |
| • 유동화증권(ABS, MBS)<br>• 채권(회사채, 국공채)<br>• 주택상환사채<br>• 저당금융<br>• 신탁증서금융 | • 후순위채권<br>• 배당우선주<br>• 전환사채<br>• 신주인수권부사채 | • 투자(회사, 신탁, 펀드)<br>• 공동투자 : 🔔 신디죠컨네<br>　┌ 부동산신디케이트<br>　├ 죠인트벤처<br>　└ 컨소시엄<br>• 신주(보통주), 증자 |

### (2) 저당금융과 신탁금융

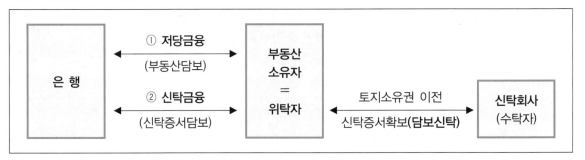

### (3) 부동산 신디케이트 = 조합결성 = 공동투자

부동산 신디케이트란 여러 명의 투자자가 부동산 전문가의 경험을 이용하여 공동으로 부동산개발사업 등을 수행하는 것을 말한다.

[대표기출 : 32회] 지분금융과 부채금융 및 메자닌금융 중 지분금융은 모두 몇 개인가?

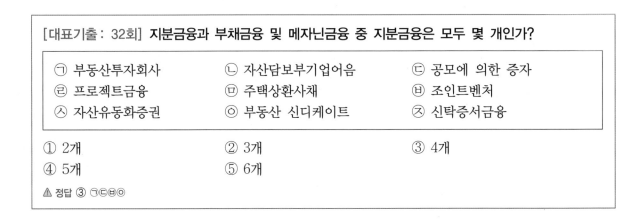

| ㉠ 부동산투자회사 | ㉡ 자산담보부기업어음 | ㉢ 공모에 의한 증자 |
|---|---|---|
| ㉣ 프로젝트금융 | ㉤ 주택상환사채 | ㉥ 조인트벤처 |
| ㉦ 자산유동화증권 | ㉧ 부동산 신디케이트 | ㉨ 신탁증서금융 |

① 2개 　　　　② 3개 　　　　③ 4개
④ 5개 　　　　⑤ 6개

⚠ 정답 ③ ㉠㉢㉥㉧

| 예상문제 29번 : 부동산투자회사 | | 기출 | | | | | | | | |
|---|---|---|---|---|---|---|---|---|---|---|
| 01 | 부동산투자회사 도입효과 | | | | | | | | | |
| 02 | 부동산투자회사법 핵심내용 | 26 | 27 | | | | | 33 | 34 | |
| 03 | 부동산투자회사법 기타조문 | | | 29 | 30 | | | | | 35 |

## 01   부동산투자회사 개요

부동산투자회사란 자산을 부동산에 투자하여 운용하는 것을 주된 목적으로 설립된 회사를 말하기도 하고, 다수의 소액투자자들로부터 자금을 모아 부동산이나 부동산관련 대출에 투자하여 발생한 수익을 투자자에게 배당하는 회사나 그러한 제도를 말하기도 한다.

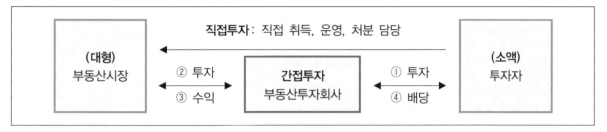

## 02   부동산투자회사법 핵심내용 : TEL : 533-7557

| 구 분 | 부동산투자회사 | | | 4<br>자산관리회사 |
|---|---|---|---|---|
| | 1<br>자기관리 | 2<br>위탁관리 | 3<br>기업구조조정 | |
| 실체여부 | 실체 ○<br>전문인력 ○ | 상근×, 지사×, 4에 위탁<br>일정요건 충족시 법인세 감면 | | 1과 동일 |
| 설립자본금 | 5억원 | 3억원 | 3억원 | — |
| 최저자본금<br>-6개월- | 70억원 | 50억원 | 50억원 | 70억원 |
| 현물출자 | 최저자본금 전 현물출자(×) + 임차권 현물출자(○) | | | |

[대표기출 : 29회] 우리나라 부동산투자회사에 관한 설명 중 틀린 것은?

① 자기관리 부동산투자회사의 설립 자본금은 5억원 이상이다.

② 위탁관리 부동산투자회사의 설립 자본금은 3억원 이상으로 한다.

④ 위탁관리 부동산투자회사는 본점 외의 지점을 설치할 수 없다.

⑤ 부동산투자회사는 현물출자에 의한 설립이 가능하다.

⚠ 정답 ⑤

| 구 분 | 부동산투자회사 | | | 4 자산관리회사 |
|---|---|---|---|---|
| | 1 자기관리 | 2 위탁관리 | 3 기업구조조정 | |
| 주식관련 | • 공모 : 30%<br>• 소유한도 : 50%(절반 소유) | | 특례 − 적용배제<br>• 주식관련 | |
| 자산구성 | • 70% : 부동산<br>• 80% : 부동산 + 현금 + 증권 | | • 자산구성(80%) | |
| 처분제한 | • 보유기간 제한<br>• 나지상태 제한 | | • 처분제한(기간, 나지) | |

| 자산운용 전문인력 | 감정평가사 또는 공인중개사로서 해당 분야에 5년 이상 종사한 사람은 자기관리 부동산투자회사의 상근 자산운용 전문인력이 될 수 있다. |
|---|---|
| 차 입 | 차입이 가능하며, 2배 또는 10배(주총의 특별결의)의 규정이 있음 |
| 투자운용 | 부동산의 취득·관리·개량 및 처분, 개발사업, 임대차 등 |
| 배 당 | 이익배당한도의 90% 이상을 배당해야 한다(이익준비금 적립×). |
| 투자자문회사 | 최소자본금 10억원 + 등록 |

---

**[대표기출 : 35회] 자산운용 전문인력의 요건에 해당하는 사람을 모두 고른 것은?**

ㄱ 감정평가사로서 해당 분야에 3년을 종사한 사람
ㄴ 공인중개사로서 해당 분야에 5년을 종사한 사람
ㄷ 부동산투자회사에서 3년을 근무한 사람
ㄹ 부동산학 석사학위 소지자로서 부동산의 투자·운용과 관련된 업무에 3년을 종사한 사람

① ㄱ, ㄴ　　　　② ㄱ, ㄷ　　　　③ ㄴ, ㄹ
④ ㄴ, ㄷ, ㄹ　　　　⑤ ㄱ, ㄴ, ㄷ, ㄹ

⚠ 정답 ③
부동산투자회사 등에 5년 이상 근무하고 그중 3년 이상을 해당업무에 종사한 경력이 있는 사람

| 예상문제 30번 : 부동산개발 | 기출 | | | | | | | | |
|---|---|---|---|---|---|---|---|---|---|
| 01 부동산개발 개요 | 26 | 27 | 28 | 29 | | 32 | | | |
| 02 부동산 개발위험 | | | | | | | | | |

## 01 부동산개발 개요

### (1) 의 의

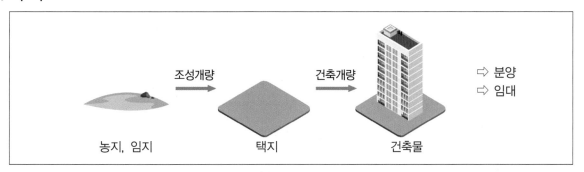

① 부동산개발이란 타인에게 공급할 목적으로 토지를 조성하거나 건축물을 건축, 공작물을 설치하는 행위이다.
② 단, 시공을 담당하는 행위는 제외된다.

### (2) 부동산개발의 구분

| 유형적 개발 | 건축공사 등 토지의 물리적 변형을 가져오는 행위 |
|---|---|
| 무형적 개발 | 용도변경이나 지목변경 등을 말한다. |
| 복합적 개발 | 유형적 개발 + 무형적 개발 |

- **공적 주체**(1섹터)
  ① 국가와 지방자치단체(행정청)
  ② 공공기관(국가가 만든 회사 − 한국토지주택공사 등)
  ③ 정부출연기관
  ④ 지방공사(지자체가 만든 회사)
- **민관합동개발**(3섹터) : 복합주체에 의한 개발

- **사적 주체**(2섹터)
  ⑤ 토지소유자
  ⑥ 조합 등

### (3) 부동산개발의 절차 🚨 아예 ~~ 불타는 금요일은 건마와 함께

**아이디어** ⇨ **예비타당성분석** ⇨ **부지모색** ⇨ **타당성분석** ⇨ **금융** ⇨ **건설** ⇨ **마케팅**

## 02 부동산개발의 위험

### (1) 워포드의 개발위험과 대책

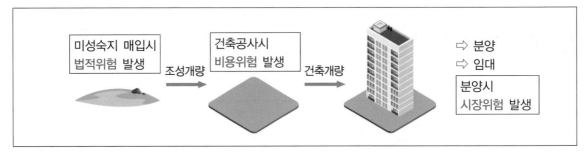

| 법적위험 | 공·사법상 위험 ⇨ 이용계획이 확정된 토지 매입 |
| --- | --- |
| 시장위험 | 수요감소 가능성 ⇨ 사전에 확실한 시장성검토 |
| 비용위험 | 개발비용증가 가능성 ⇨ 건설사와 최대가격보증계약 체결 |

### (2) 개발사업의 긍정요소와 부정요소 구분하기 🚨 앗싸!! 에이씨 ~~

| 분양가격 상승 | 긍정 | 대출금리 하락 | 긍정 | 용적률 감소 | 부정 |
| --- | --- | --- | --- | --- | --- |
| 토지가격 하락 | 긍정 | 공사비 하락 | 긍정 | 건설자재 가격 상승 | 부정 |
| 기부채납 증가 | 부정 | 조합원 부담금 인상 | 부정 | 이주비 대출금리 하락 | 긍정 |
| 공사기간 연장 | 부정 | 분양가 상승 | 긍정 | 초기 분양률 저조 | 부정 |

---

**[대표기출 : 25회, 29회]** 다음 중 아파트 신규개발 또는 재개발사업을 추진하고 있는 시행사의 사업성에 긍정적 영향을 주는 요인은 모두 몇 개인가?

- 공사기간의 연장
- 이주비 대출금리의 하락
- 인허가시 용적률의 증가
- 일반분양분의 분양가 상승

- 매수예정 사업부지가격의 상승
- 조합원 부담금 인상
- 건설자재 가격의 상승
- 기부채납의 증가

① 1개　　　　　　② 2개　　　　　　③ 3개
④ 4개　　　　　　⑤ 5개

⚠ 정답 ③

| 예상문제 31번 : 부동산개발 | | 기출 | | | | | | | |
|---|---|---|---|---|---|---|---|---|---|
| 01 | 부동산분석(타당성분석과정) | 27 | 28 | 29 | | 31 | 32 | | |
| 02 | 입지계수 계산문제 | 27 | | | 30 | | 32 | | 34 |

## 01 부동산분석(타당성분석의 과정)

| 지역경제 분석 | ① 고용, 소득, **인구** 분석 = **거시분석** ② **입지계수**를 이용한 경제기반분석 ⇨ **도시결정** |
|---|---|
| 시장 분석 | ① 시장세분화 ⇨ **수요와 공급분석** ⇨ **목표시장 결정** ② 지역이나 용도 또는 유형에 따른 구체적 분석 <br><br> <table><tr><td>APT (A)<br>수요 50<br>공급 60</td><td>상업지역</td><td>단독주택지역</td><td>APT (B)<br>수요 30<br>공급 30</td></tr><tr><td>상업지역</td><td>APT (C)<br>수요 18<br>공급 10</td><td>상업지역</td><td>농업지역</td></tr></table> |
| 시장성 분석 | ① 흡수율분석 ⇨ 매매(임대)가능성 판단 ② 가장 '경쟁력' 있는 상품결정 ⇨ '**양+질+가격**' 결정 <br><br> ✎ **흡수율분석** <br> ㉠ 유사부동산이 지난 1년 동안 시장에서 흡수(분양)된 비율 또는 흡수기간을 분석하는 작업 <br> ㉡ 지역별·유형별로 구체적으로 분석 <br> ㉢ 현재까지의 추세를 분석해서 미래를 예측하는 작업 <br> ㉣ 원인분석과 병행 <br> ㉤ **흡수율이 높고 흡수기간이 짧을수록 유리** |
| 타당성 분석 | ① 투자자로부터 자금을 끌어들일 수 있는 충분한 수익이 있는가에 초점을 맞춘 개념이다. ② 수익성분석, 순현가법(DCF), 민감도분석 |
| 투자분석 | 가장 적합한 개발안 최종결정 |

✎ 개발사업은 개발업자에 따라 채택될 수도 있고 그렇지 않을 수도 있다.

## 02 입지계수 계산(Location Quotient ; LQ, 입지상)

**(1) 입지계수의 의미**

① **의의** : 특정산업의 "전국점유율에 대한 지역점유율의 비율"

② **적용** : 특정지역이 어떤 산업에 특화되었는지를 판단하는 지표이다.

**(2) 입지계수 적용례**

① 전국의 고용자수가 100명이고 그중 자동차산업에 10명이 종사한다.

② 울산의 고용자수는 10명이고 그중 자동차산업에 2명이 종사한다.

③ 울산 지역에서의 자동차산업의 입지계수를 구하는 방법

$$
\text{자동차산업} \ \frac{\text{울산비중}}{\text{전국비중}} = \frac{\text{울산} \ \dfrac{\text{자동차(2명)}}{\text{전체(10명)}} = 20\%}{\text{전국} \ \dfrac{\text{자동차(10명)}}{\text{전체(100명)}} = 10\%} = 2.0
$$

**(3) '입지계수 > 1'의 의미**

① 입지계수가 1보다 큰 산업이라는 것은 해당산업이 그 지역에서 수출산업, 지역기반산업, 특화산업임을 뜻한다.

② 울산에서 자동차산업의 입지계수가 2.0, 수원에서 전자산업의 입지계수가 1.5라면 자동차산업은 울산에서, 전자산업은 수원에서 경제기반산업이다.

---

[대표기출 : 34회] X와 Y지역의 산업별 고용자수가 다음과 같을 때, X지역의 입지계수(LQ)에 따른 기반산업의 개수는? (단, 주어진 조건에 한함)

| 구 분 | X지역 | Y지역 | 전지역 |
|---|---|---|---|
| A산업 | 30 | 50 | 80 |
| B산업 | 50 | 40 | 90 |
| C산업 | 60 | 50 | 110 |
| D산업 | 100 | 20 | 120 |
| E산업 | 80 | 60 | 140 |
| 전산업 고용자수 | 320 | 220 | 540 |

① 0개     ② 1개     ③ 2개
④ 3개     ⑤ 4개

⚠ 정답 ②

---

✏️ **도시스프롤 현상 【스프롤 : 제멋대로 퍼져나가다】**

① **불규칙과 무질서** : 도시스프롤현상이란 도시의 급격한 팽창에 따라 기존 주거 지역이 과밀화되면서 시가지가 도시 교외 지역으로 불규칙하고 무질서하게 확대되어 가는 현상을 말한다.

② **도시스프롤의 형태**

　　㉠ 스프롤의 형태는 저밀도 연쇄개발 현상(일반적), 고밀도 연쇄개발 현상(우리나라 일부), 비지(飛地)적 현상 등이 있다.

　　㉡ 도시의 교외로 확산되면서 중간 중간에 공지를 남기기도 한다.

　　㉢ 간선도로를 따라 확산이 전개되는 현상이 나타나기도 한다.

③ **지가수준** : 스프롤 현상이 발생한 지역의 토지는 최유효이용에서 괴리될 수 있으며, 지가수준은 표준적 수준 이하로 형성된다.

④ **대책** : 도시스프롤을 방지하기 위해서는 개발제한구역을 지정한다든지, 계획적이고 장기적인 계획 하에 도시를 개발하는 노력이 필요하다.

---

| 예상문제 32번 : 개발방식 | | 기출 | | | | | | | | |
|---|---|---|---|---|---|---|---|---|---|---|
| 01 | 민간개발방식 | 26 | 27 | | 29 | 30 | | | | 35 |
| 02 | 개발법과 정비법 | 26 | 27 | | | 30 | 31 | | | $35^2$ |

## 01 민간개발방식

### (1) 개 요

① **개발사업의 참여자**

| 토지소유자 | 시행자(개발업자 = 머리) | 시공사(건설사) | 금융기관(대출자) |
|---|---|---|---|

② **민간개발방식의 종류**

| 자체사업 | 지주공동사업 | 신탁(⚱ 관개처분담) | 컨소시엄 |
|---|---|---|---|
| ┌ 고위험<br>├ 고수익<br>└ 빠른 진행 | ┌ 공사비대물변제방식<br>├ 공사비분양금정산<br>├ 투자자모집방식(조합)<br>└ 사업수탁(위탁)방식 | ┌ **관리신탁**<br>├ **개발**(토지)**신탁**<br>├ **처분신탁**<br>├ **분양관리신탁**<br>└ **담보신탁**<br>　(신탁증서금융) | 공동투자 |

### (2) 지주공동사업

① **공사비 대물변제방식**(등가교환방식)

　㉠ 토지소유자는 토지를 제공하고(40억원) 개발업자 또는 건설회사는 건물을 건축(공사비 60억원)한다.

　㉡ 완공 후 그 기여도(4:6)에 따라 각각 토지와 건물의 지분을 갖는다. 즉 토지소유자가 40%의 지분을 갖고 개발업자가 60%의 지분을 갖는다.

　㉢ 토지소유자가 건축공사비를 완공된 건축물로 갚는 방식이다.

　㉣ 건설회사는 공사비로 받은 부분을 분양하거나 임대하거나 또는 직접 사용할 수 있다.

② **공사비 분양금 정산방식** : 토지소유자와 개발업자가 공동개발 후 분양까지 같이 하고 분양수입을 기여도에 따라 나누는 방식이다.

③ **투자자 모집방식**(부동산 신디케이트) : 조합을 결성해서 개발하는 방식이다.

④ **사업위탁**(수탁)**방식** : 토지소유자가 토지소유권을 유지한 채 개발업자에게 사업시행을 맡기고 개발업자는 사업시행에 따른 수수료를 받는 방식이다(사업제안).

### (3) 부동산신탁

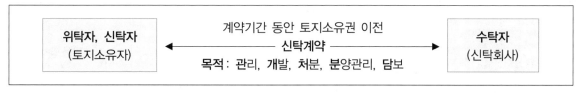

① **의의**: 토지소유자가 부동산 신탁회사와 신탁계약을 맺어 토지를 양도하면 신탁회사가 회사의 책임으로 토지를 개발하여 수익을 창출하고 이후 계약기간이 끝나면 토지소유자는 토지와 건물을 돌려받는 사업방식이다.

② **부동산신탁의 종류**
- **관리신탁**: 소유권관리, 건물수선 및 유지, 임대차관리 등의 업무 수행
- **개발신탁**: 토지를 개발하고 공급하는 업무를 수행
- **처분신탁**: 처분업무 및 처분완료시까지의 관리업무를 수행
- **분양관리신탁**: 상가분양의 투명성과 안정성 확보 ➪ '부지 + 자금'신탁
- **담보신탁**: 신탁회사에게 받은 수익증권을 담보로 대출을 받는 상품

- 부동산을 담보로 제공하고(저당권설정) 자금융통: 저당금융
- 수익증권을 담보로 제공하고(질권설정) 자금융통: 담보신탁

### (4) 컨소시엄 구성방식 ≒ 조인트벤처: 공동개발

대규모 개발사업의 경우 자금조달이나 기술협력을 위해 기존의 법인들끼리 힘을 합쳐 새로운 연합법인 등을 만드는 것이다.

[대표기출: 35회] **부동산개발사업에 관한 설명으로 틀린 것은?**
① 부동산개발의 타당성분석 과정에서 시장분석을 수행하기 위해서는 먼저 시장지역을 설정하여야 한다.
② 부동산개발업의 관리 및 육성에 관한 법령상 건축물을 리모델링 또는 용도변경하는 행위(다만, 시공을 담당하는 행위는 제외한다)는 부동산개발에 포함된다.
③ 민간투자사업에 있어 민간사업자가 자금을 조달하여 시설을 건설하고 일정기간 소유 및 운영을 한 후 국가 또는 지방자치단체에게 시설의 소유권을 이전하는 방식은 BOT(build-operate-transfer) 방식이다.
④ 부동산개발의 유형을 신개발방식과 재개발방식으로 구분하는 경우, 도시 및 주거환경정비법령상 재건축사업은 재개발방식에 속한다.
⑤ 개발사업의 방식 중 사업위탁방식과 신탁개발방식의 공통점은 토지소유자가 개발사업의 전문성이 있는 제3자에게 토지소유권을 이전하고 사업을 위탁하는 점이다.
⚠ 정답 ⑤

| **02** 공적개발방식 : 신개발과 재개발 | | | |
|---|---|---|---|
| **신개발**<br>(도시개발법) | 수용방식 | 환지방식 | 혼용방식 |
| **재개발**<br>(정비법상 정비사업) | 극단주거<br>(주거환경개선사업) | 상열개발<br>(재개발사업) | 공양건축<br>(재건축사업) |

(1) **신개발**(도시개발법)

① **환지방식**(권리축소의 방식)

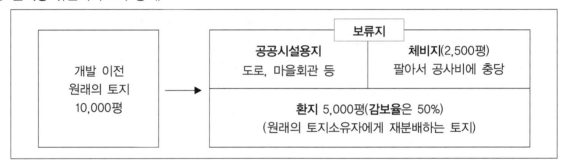

㉠ 불규칙한 농지나 미개발지를 도시토지로 개발한 후 기존의 토지소유자에게 재분배

㉡ 공공의 재정투자를 최소화시킬 수 있다.

② **매수방식**(수용 또는 사용방식, 공영개발, 권리소멸의 방식)

㉠ 공영개발은 개발이익의 사회적 환수를 가능하게 한다.

㉡ 환지방식과 비교할 때 개발기간을 단축시킬 수 있다.

---

[대표기출 : 31회] 부동산개발사업의 분류상 다음 (    )에 들어갈 내용으로 옳은 것은?

토지소유자가 조합을 설립하여 농지를 택지로 개발한 후 보류지(체비지·공공시설 용지)를 제외한 개발토지 전체를 토지소유자에게 배분하는 방식
- 개발 형태에 따른 분류: ( ㉠ )
- 토지취득방식에 따른 분류: ( ㉡ )

① ㉠ 신개발방식, ㉡ 수용방식          ② ㉠ 재개발방식, ㉡ 환지방식
③ ㉠ 신개발방식, ㉡ 혼용방식          ④ ㉠ 재개발방식, ㉡ 수용방식
⑤ ㉠ 신개발방식, ㉡ 환지방식

⚠ 정답 ⑤

---

**(2) 재개발**(도시 및 주거환경정비법상 정비사업)

① **주거환경개선사업**: 도시저소득 주민이 집단거주하는 지역으로서 정비기반시설이 **극히 열악**하고 노후·불량건축물이 과도하게 밀집한 지역의 주거환경을 개선하거나 **단독주택** 및 다세대주택이 밀집한 지역에서 정비기반시설과 공동이용시설 확충을 통하여 주거환경을 보전·정비·개량하기 위한 사업을 말한다.

② **재개발사업**: 정비기반시설이 **열악하고** 노후·불량건축물이 밀집한 지역에서 주거환경을 개선하거나 **상업지역**·공업지역 등에서 도시기능의 회복 및 상권활성화 등을 위하여 도시환경을 개선하기 위한 사업을 말한다. 이 경우 공적주체가 일정비율 이상을 공공임대주택 등으로 건설·공급하는 재개발사업을 "공공재개발사업"이라 한다.

③ **재건축사업**: 정비기반시설은 **양호하나** 노후·불량건축물에 해당하는 **공동주택**이 밀집한 지역에서 주거환경을 개선하기 위한 사업을 말한다. 이 경우 공적주체가 일정세대수 이상을 공급하면 "공공재건축사업"이라 한다.

---

**[대표기출 : 35회]** 다음에 해당하는 도시 및 주거환경정비법상의 정비사업은?

> 도시저소득 주민이 집단거주하는 지역으로서 정비기반시설이 극히 열악하고 노후·불량건축물이 과도하게 밀집한 지역의 주거환경을 개선하거나 단독주택 및 다세대주택이 밀집한 지역에서 정비기반시설과 공동이용시설 확충을 통하여 주거환경을 보전·정비·개량하기 위한 사업

① 자율주택정비사업　　② 소규모재개발사업　　③ 가로주택정비사업
④ 소규모재건축사업　　⑤ 주거환경개선사업

⚠ 정답 ⑤

| 예상문제 33번 : 부동산관리 | 기출 | | | | | | | | |
|---|---|---|---|---|---|---|---|---|---|
| 01 부동산관리의 구분 | 26 | 27 | | 30 | | | 33 | 34 | 35 |
| 02 부동산관리자의 업무영역 | 26 | | | 30 | 31 | | | 34 | 35 |
| 03 빌딩의 수명현상 | | | | | | | | | |

## 01 부동산관리의 구분

### (1) 부동산관리의 계층화 : 🚨 자재씨 ~

오늘날의 부동산관리는 관리자의 역할에 따라 자산관리, 부동산관리 또는 재산관리(건물 및 임대차관리), 그리고 시설관리로 계층화되어 있다.

```
                        자산관리자(AM)
        ┌─────────────────┬─────────────────┐
   재산관리자(PM)         재산관리자          재산관리자
  ┌ 법률적 관리
  ├ 기술적 관리 : 시설관리자(FM)    재산관리자          재산관리자
  └ 경제적 관리
```

| 자산관리 | ㉠ 재산을 극대화시키기 위한 적극적 관리 + 장기적이고 전략적인 관리<br>㉡ 부동산관리자를 통제, 조정, 감독<br>㉢ 내용 : 포트폴리오, 매입과 매각, 리모델링, 부동산투자관련, PF |
|---|---|
| 재산관리 | 재산관리 = 부동산관리 = 건물 및 임대차관리 = 건물의 수익관리 |
| 시설관리 | ㉠ 임차인이 요구하는 내용을 해결하는 소극적 관리<br>㉡ 설비관련, 외주관리(외부에 떼어주는), 에너지(전력, 냉방)관리 |

---

[대표기출 : 30회] **부동산관리에 관하여 다음 설명과 모두 관련이 있는 것은?**

- 포트폴리오 관리 및 분석
- 재투자
- 임대마케팅 시장분석
- 부동산투자의 위험 관리
- 재개발 과정분석

① 재산관리(property management)
② 시설관리(facility management)
③ 자산관리(asset management)
④ 건설사업관리(construction management)
⑤ 임대차관리(leasing management)

⚠ 정답 ③

---

## (2) 복합개념의 부동산관리

| 법률적 관리<br>(제도) | ㉠ 권리분석, 계약 등과 관련 |
|---|---|
| | ㉡ 토지도난 방지, 건물의 임대차예약·계약을 위한 노력 |
| 기술적 관리<br>(물리·기능) | ㉠ 건물 : 위생관리, 설비관리, 보안관리(보험 포함), 보전관리 |
| | ㉡ 토지 : 경계측량, 사도방지, 쓰레기장 방지 |
| 경제적 관리<br>(경영) | ㉠ 수지관리, 손익분기점관리, 회계관리, 인력관리 등 |
| | ㉡ 모델하우스 활용, 주차장 활용 |

## (3) 부동산관리방식의 구분 및 장단점

| 직접관리<br>(자가, 자치) | ㉠ 소유자단독 또는 약간 명의 관리요원을 고용(인건비 지출) |
|---|---|
| | ㉡ 단점 : 안일화, 불필요한 비용지출, 인건비 지출 |
| 간접관리<br>(위탁) | ㉠ 대규모빌딩의 관리를 전문가집단에게 관리위탁(관리비 지출) |
| | ㉡ 관리회사 : 법률팀 + 경영팀 + 시설팀 등에서 업무담당 |
| | ㉢ 단점 : 종합적 관리 어려움 및 기밀유지의 어려움 |
| 혼합관리 | ㉠ 자가관리(경영) + 위탁관리(시설)의 혼합 |
| | ㉡ 책임소재 불분명 |

---

[대표기출 : 35회] 부동산관리방식을 관리주체에 따라 분류할 때, 다음 설명에 모두 해당하는 방식은?

- 소유와 경영의 분리가 가능하다.
- 대형건물의 관리에 더 유용하다.
- 관리에 따른 용역비의 부담이 있다.
- 전문적이고 체계적인 관리가 가능하다.

① 직접관리  　　② 위탁관리  　　③ 자치관리
④ 유지관리  　　⑤ 법정관리

⚠ 정답 ②

---

## 02 부동산관리자의 업무내용

### (1) 부동산관리자(재산관리자)의 업무내용 5가지

부동산관리자들의 업무는 1. 임대차활동, 2. 임대료의 수집활동, 3. 대상부동산의 유지활동, 4. 보험활동, 5. 예산작성과 보고서의 작성 및 장부처리 활동 등으로 구분할 수 있다.

| 1 임대차 활동 | 2 임대료 수집활동 | 3 부동산유지활동 | | | 4 보험활동 | | | 5 보고 활동 |
|---|---|---|---|---|---|---|---|---|
| | | 일상 | 예방 (사전) | 대응 | 손해보험 (화재) | 책임보험 (인명) | 임대료손실보험 (수리기간 손실) | |

### (2) 임대차활동

| 구 분 | 임차자 선정기준 | 임대차계약 유형 |
|---|---|---|
| 주거용 | 연대성 사람과 사람의 어울림 | **조임대차**: 임차인이 80만원을 임대료로 지불 <br>• 부동산유지비 30만원은 임대인이 부담 |
| 매장용 (상업용) | 가능매상고 | **비율임대차**: 기본임대료 + 추가임대료 <br>• 임차자 총수입의 일정비율을 임대료로 지불 |
| 사무용 (공업용) | 적합성 건물과 용도의 어울림 | **순임대차**: 임차인이 50만원만 임대료로 지불 <br>• 부동산유지비 30만원은 임차자가 직접 부담 |

---

[대표기출 : 30회, 34회] A회사는 분양면적 $500m^2$의 매장을 손익분기점 매출액 이하이면 기본임대료만 부담하고, 손익분기점 매출액을 초과하는 매출액에 대하여 일정 임대료율을 적용한 추가임대료를 가산하는 비율임대차방식으로 임차하고자 한다. 향후 1년 동안 A회사가 지급할 것으로 예상되는 연임대료는?

• 예상매출액 : 분양면적 $m^2$당 20만원
• 기본임대료 : 분양면적 $m^2$당 6만원
• 손익분기점 매출액 : 5,000만원
• 손익분기점 매출액 초과 매출액에 대한 임대료율 : 10%

⚠ 정답

| | |
|---|---|
| • 예상매출액 : 분양면적 $m^2$당 20만원 ⇨ 100백만 <br>• 기본임대료 : 분양면적 $m^2$당 6만원 ⇨ 30백만 <br>• 손익분기점 매출액 : 5,000만원 ⇨ 50백만 <br>• 손익분기점 매출액 초과 매출액에 대한 임대료율 : 10% <br>　　　⇨ 50백만　　　⇨ 5백만 | 기본 (30) <br>+ <br>추가 (5) <br>= <br>35 |

## 03 빌딩의 수명현상

### (1) 의 의

빌딩은 일정한 수명(내용연수)을 가진다. 빌딩의 내용연수에는 물리적 내용연수, 기능적 내용연수, 경제적 내용연수, 행정적 내용연수 등이 있다.

### (2) 건물의 생애주기(수명단계 — 🚨 전신안노완)

| 전개발단계 | • 신축 전 단계, 용지단계, 타당성분석 단계 |
|---|---|
| 신축단계 | • 빌딩완공단계, 계획과 일치하지 않을 가능성 높음<br>• 건물의 물리적 유용성이 가장 높게 나타나는 단계 |
| 안정단계 | • 양호한 관리 ⇨ 수명연장<br>• 개조하고 수선하기에 가장 효과적인 단계 |
| 노후화단계 | • 빌딩의 물리적 상태와 기능적 상태가 급격히 악화되는 단계<br>• 새로운 개량비(자본적 지출) 억제, 빌딩의 교체계획 수립 |
| 완전폐물단계 | • 전개발단계로 진행되는 단계 |

| 예상문제 34번 : 부동산마케팅 | | 기출 | | | | | | | | |
|---|---|---|---|---|---|---|---|---|---|---|
| 01 | 부동산마케팅 개요 | 26 | | | | | 32 | | | |
| 02 | 세표차의 구분 | 26 | | 28 | | | | 33 | 34 | |
| 03 | 제판가유의 구분 | | 27 | 28 | | | 31 | 32 | | 35 |

## 01 부동산마케팅 개요 : market + ing ⇨ 시장에서 진행되는 모든 것

부동산마케팅은 시장환경이 공급자에서 수요자 중심으로 바뀌면서 더 중요해지고 있다.

부동산마케팅은 공급자 차원으로서 시장점유마케팅 전략, 수요자 차원으로서 고객점유마케팅 전략, 양자의 지속적인 관계유지 차원의 관계마케팅 전략의 세 가지 차원으로 구분할 수 있다.

| 시장점유 (공급자) | STP 전략(세표차) | | | 4P Mix 전략(제판가유) | | | |
|---|---|---|---|---|---|---|---|
| | 세분화 | 표적시장 | 차별화 | 제품 | 판촉 | 가격 | 유통 |
| 고객점유 (수요자) | • 구매의사 결정과정(AIDA의 원리) | | | | | | |
| | Attention | | Interesting | | Desire | | Action |
| | A(주목) | | I(흥미) | | D(욕망) | | A(행동) |
| 관계유지 | 지속적 관계유지(○) + 일회성(×) + 브랜드마케팅 + CRM | | | | | | |

📕 부동산광고

① 광고의 종류

| 신문광고 | DM(우편)광고 | 점두광고 | 노벨티광고 |
|---|---|---|---|
| 안내광고와 전시광고 | 표적 고객 대상 | 점포간판, POP 광고 | 작고 실용적인 장식물 |

② 애드믹스 : 신문광고 + 팜플렛광고 + 라디오광고 + TV광고 조합

---

[대표기출 : 26회] 부동산마케팅에 관한 설명으로 틀린 것은?

① 셀링포인트(selling point)는, 상품으로서 부동산이 지니는 여러 특징 중 구매자(고객)의 욕망을 만족시켜 주는 특징을 말한다.

② 고객점유마케팅 전략은 공급자 중심의 마케팅 전략이다.

③ 관계마케팅 전략은 공급자와 소비자의 관계를 지속적인 관계로 유지하려 한다.

④ STP 전략은 시장세분화(segmentation), 표적시장 선정(targeting), 포지셔닝(positioning)으로 구성된다.

⑤ AIDA는 주의(attention), 관심(interest), 욕망(desire), 행동(action)을 말한다.

⚠ 정답 ②

## 02 STP 전략의 구분

### (1) 의 의

STP 전략은 시장을 **세분화**(Segmentation) 한 후 **표적시장**(Target)을 정하고 어떻게 **차별화**(Positioning)시켜 나갈 것인지를 연구하는 전략이다.

### (2) STP 전략의 내용

| 시장세분화<br>(Segmentation) | ㉠ 전체소비자(수요자)를<br>㉡ 유사한 소비패턴을 가지는 수요자로 **구분, 분할** |  |  |  |
|---|---|---|---|---|
| | 단독주택시장 | 아파트시장 | 원룸시장 | 토지시장 |
| 표적시장선정<br>(Target) | ㉠ 세분화된 시장에서 가장 매력적인 시장(또는 틈새시장)을<br>㉡ 선정, 선택하는 작업 : 아파트시장을 표적시장으로 선택 |  |  |  |
| 시장차별화<br>(Positioning) | ㉠ 자사제품을 경쟁사의 제품과 차별화시키는 방법을 연구<br>㉡ 자사제품의 이미지를 고객 마음에 어떻게 위치시킬지 연구<br>(포지셔닝 ⇨ **차별화** ⇨ 위치 : <u>Po 나오면</u> 🚨 포차위치) |  |  |  |

---

[대표기출 : 34회] 부동산마케팅에 관한 설명으로 틀린 것은?

① 부동산마케팅은 부동산상품을 수요자의 욕구에 맞게 상품을 개발하고 가격을 결정한 후 시장에서 유통, 촉진, 판매를 관리하는 일련의 과정이다.
② STP 전략은 대상 집단의 시장세분화(segmentation), 표적시장 선정(targeting), 포지셔닝(positioning)으로 구성된다.
③ 시장세분화 전략은 부동산시장에서 마케팅활동을 수행하기 위하여 수요자의 집단을 세분하는 것이다.
④ 표적시장 전략은 세분화된 시장을 통해 선정된 표적 집단을 대상으로 적합한 마케팅활동을 수행하는 것이다.
⑤ AIDA원리는 주의(attention), 관심(interest), 욕망(desire), 행동(action)의 단계를 통해 공급자의 욕구를 파악하여 마케팅 효과를 극대화하는 시장점유마케팅 전략의 하나이다.
⚠ 정답 ⑤

## 03 마케팅 믹스(4P 믹스)

### (1) 의 의

마케팅믹스는 4P를 구성요소로 하며, 4P MIX 전략이란 제품, 판매촉진, 가격, 유통경로의 제 측면에서 차별화를 도모하는 전략이다.

### (2) 마케팅믹스(4P 믹스 = 🔔제판가유)의 내용

| 제품<br>Product | 실개천 설치＋설계＋홈 오토매틱＋보안설비의 디지털화 | |
|---|---|---|
| 판촉<br>Promotion | ┌ 시장의 수요자들을 강하게 자극하고 유인하는 전략<br>└ 판매유인(경품)＋직접적인 인적판매 | |
| 가격<br>Price | 고가정책(스키밍)<br>저가정책(침투)<br>**시가정책** | Vs | 단일가격정책<br>**신축가격정책**(적응가격전략)<br>⇨ 층, 방위, 위치에 따라 다른 가격 적용 |
| 유통<br>Place | ┌ 제품이 소비자에게 원활하게 전달될 수 있도록 하는 작업<br>└ 중개업소, 분양대행사 등 활용 | |

---

[대표기출 : 35회] **부동산마케팅에서 4P 마케팅 믹스(Marketing Mix) 전략의 구성요소를 모두 고른 것은?**

| ㉠ Price(가격) | ㉡ Product(제품) |
|---|---|
| ㉢ Place(유통경로) | ㉣ Positioning(차별화) |
| ㉤ Promotion(판매촉진) | ㉥ Partnership(동반자관계) |

① ㉠, ㉡, ㉢, ㉣　　　　② ㉠, ㉡, ㉢, ㉤　　　　③ ㉡, ㉢, ㉤, ㉥
④ ㉡, ㉣, ㉤, ㉥　　　　⑤ ㉢, ㉣, ㉤, ㉥

⚠ 정답 ②

[32회 기출] **바이럴 마케팅(viral marketing)**

SNS, 블로그 등 다양한 매체를 통해 해당 브랜드나 제품에 대해 입소문을 내게 하여 마케팅효과를 극대화시키는 것이다.

| 예상문제 35번: 감칙 (1) | | 기출 | | | | | | | | | |
|---|---|---|---|---|---|---|---|---|---|---|---|
| 01 | 감정평가 개요 | | | | | | | | | | |
| 02 | 용어의 정의 | 26 | 27 | 28 | 29 | 30 | 31 | 32 | | $34^2$ | |

## 01　감정평가 개요

**(1) 의의**

① **감정평가**: 토지 등의 경제적 가치를 판정하여 그 결과를 가액으로 표시하는 것

② **감정평가사와 공인중개사**: 가치전문가는 감정평가사, 가격전문가는 공인중개사

**(2) 가치(Value)와 가액(가격—Price) 비교** (가치는 🚨 추현주다)

| 가치(Value) | 가액(Price) |
|---|---|
| **추**상적인 값 | 구체적인 금액: 화폐단위로 표현 |
| **현재값**: 장래 편익을 현재가치로 환원한 값 | 과거값: 시장에서 이미 지불된 금액 |
| **주**관적인 값 | 객관적인 값 |
| **다양한 값**: 동일한 시점에 여러 개가 존재 | 동일한 시점에 하나만 존재 |
| 전문가: 감정평가사 | 전문가: 공인중개사 |

✏️ 가치가 상승하면 가격도 상승한다. (○), 가격이 상승하면 가치도 상승한다. (×)

---

**[대표기출: 25회] 부동산의 가격과 가치에 관한 설명으로 틀린 것은?**

① 가격은 특정 부동산에 대한 교환의 대가로서 매수인이 지불한 금액이다.

② 가치는 효용에 중점을 두며, 장래 기대되는 편익은 금전적인 것뿐만 아니라 비금전적인 것을 포함할 수 있다.

③ 가격은 대상부동산에 대한 현재의 값이지만, 가치는 장래 기대되는 편익을 예상한 미래의 값이다.

④ 가치란 주관적 판단이 반영된 것으로 각 개인에 따라 차이가 발생할 수 있다.

⑤ 주어진 시점에서 대상부동산의 가치는 다양하다.

⚠️ 정답 ③

---

### (3) 부동산의 가치변화 과정

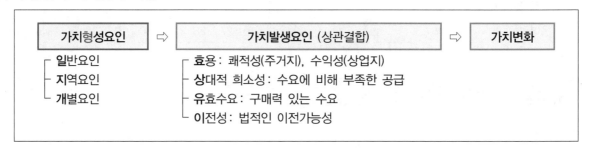

---

[대표기출 : 22회, 24회] **부동산 가치발생요인에 관한 설명으로 틀린 것은?**

① 대상부동산의 물리적 특성뿐 아니라 토지이용규제 등과 같은 공법상의 제한 및 소유권의 법적 특성도 대상부동산의 효용에 영향을 미친다.
② 유효수요란 대상부동산을 구매하고자 하는 욕구로, 지불능력(구매력)을 필요로 하는 것은 아니다.
③ 상대적 희소성이란 부동산에 대한 수요에 비해 공급이 부족하다는 것이다.
④ 효용은 부동산의 용도에 따라 주거지는 쾌적성, 상업지는 수익성, 공업지는 생산성으로 표현할 수 있다.
⑤ 부동산 가치는 가치발생요인들의 상호결합에 의해 발생한다.

⚠ 정답 ②

## 02 ꠱ 감정평가에 관한 규칙

**01** **시장가치**란 감정평가의 대상이 되는 토지 등이 **통상적인 시장**에서 ~~~~ 경우 **성립될 가능성이 가장 높다**고 인정되는 대상물건의 가액을 말한다.

**02** **기준시점**이란 대상물건의 감정평가액을 결정하는 **기준이 되는 날짜**를 말한다.

**03** **기준가치**란 감정평가의 **기준이 되는 가치**를 말한다.

> **감정평가의 기준**
> ┌ 기준이 되는 가치 ⇨ 기준가치 : 시장가치로 한다.
> └ 기준이 되는 시점 ⇨ 기준시점 : 가격조사를 완료한 날짜로 한다. (🔔 가조완날)

**04** **가치형성요인**이란 대상물건의 **경제적 가치**에 영향을 미치는 **일반요인**, **지역요인** 및 **개별요인** 등을 말한다. (🔔 형일찌개)

**05** **원가법**이란 대상물건의 **재조달원가**에 **감가수정**을 하여 대상물건의 **가액**을 산정하는 감정평가방법을 말한다. (🔔 원재감)

| 평가방식 | 가액산정 (🔔 원수거공) | 임료산정 (🔔 적분임) | 원 리 |
|---|---|---|---|
| 원가방식 | **원가법** | **적**산법 | 비용성 |
| 수익방식 | **수익**환원법 | 수익**분**석법 | 수익성 |
| 비교방식 | **거**래사례비교법 | **임**대사례비교법 | 시장성(2개) |
| (3개) | **공**시지가기준법 | | |

**06** **적산법**이란 대상물건의 **기초가액**에 **기대이율**을 **곱하여** 산정된 기대수익에 대상물건을 계속하여 임대하는 데에 **필요한 경비를 더하여** 대상물건의 **임대료**를 산정하는 감정평가방법을 말한다. (🔔 적산-기기필임)

**07** **거래사례비교법**이란 대상물건과 가치형성요인이 같거나 비슷한 물건의 거래사례와 비교하여 대상물건의 현황에 맞게 **사정보정**, 시점수정, 가치형성요인 비교 등의 과정을 거쳐 대상물건의 가액을 산정하는 감정평가방법을 말한다.

**08** **임대사례비교법**이란 ~~ 임대사례와 비교하여 대상물건의 현황에 맞게 사정보정 ~~ 거쳐 대상물건의 임대료를 산정하는 감정평가방법을 말한다.

**09** **공시지가기준법**이란 비교표준지의 공시지가를 기준으로 대상토지의 현황에 맞게 시점수정, 지역요인 및 개별요인 비교, 그 밖의 요인의 보정을 거쳐 대상토지의 가액을 산정하는 감정평가방법을 말한다.

**10** **수익환원법**이란 대상물건이 **장래** 산출할 것으로 기대되는 **순수익**이나 **미래의 현금흐름을 환원**하거나 **할인**하여 대상물건의 **가액**을 산정하는 감정평가방법을 말한다.

**11** **수익분석법**이란 일반기업 경영에 의하여 산출된 **총수익을 분석**하여 ~~ 대상물건의 임대료를 산정하는 감정평가방법을 말한다.

**12** **감가수정**이란 대상물건에 대한 재조달원가를 감액하여야 할 요인이 있는 경우에 **물리적, 기능적 또는 경제적 감가** 등을 고려하여 그에 해당하는 금액을 재조달원가에서 **공제하여** 기준시점에 있어서의 대상물건의 가액을 적정화하는 작업이다.

**12-2** **적정한 실거래가**란 신고된 **실제 거래가격**으로서 거래 시점이 **도시지역은** 3년 이내, 그 밖의 지역은 5년 이내인 거래가격 중에서 ~~ 감정평가법인등이 적정하다고 판단하는 거래가격을 말한다.

**13** **인근지역**이란 감정평가의 **대상부동산이 속한 지역**으로서 부동산의 이용이 동질적이고 가치형성요인 중 **지역요인을 공유하는 지역**을 말한다.

**14** **유사지역**이란 **대상부동산이 속하지 아니하는** 지역으로서 인근지역과 유사한 특성을 갖는 지역을 말한다.

**15** **동일수급권**이란 대상부동산과 대체·경쟁 관계가 성립하고 가치 형성에 서로 영향을 미치는 관계에 있는 다른 부동산이 존재하는 **권역**을 말하며, **인근지역과 유사지역을 포함**한다.

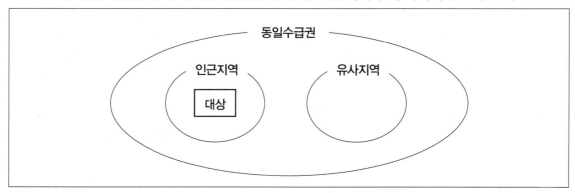

[대표기출 : 32회] 감정평가에 관한 규칙상 용어의 정의로 틀린 것은?

① 기준가치란 감정평가의 기준이 되는 가치를 말한다.

② 가치형성요인이란 대상물건의 경제적 가치에 영향을 미치는 일반요인, 지역요인 및 개별요인 등을 말한다.

③ 원가법이란 대상물건의 재조달원가에 감가수정을 하여 대상물건의 가액을 산정하는 감정평가방법을 말한다.

④ 거래사례비교법이란 대상물건과 가치형성요인이 같거나 비슷한 물건의 거래사례와 비교하여 대상물건의 현황에 맞게 사정보정, 시점수정, 가치형성요인 비교 등의 과정을 거쳐 대상물건의 가액을 산정하는 감정평가방법을 말한다.

⑤ 수익분석법이란 대상물건이 장래 산출할 것으로 기대되는 순수익이나 미래의 현금흐름을 환원하거나 할인하여 대상물건의 가액을 산정하는 감정평가방법을 말한다.

⚠ 정답 ⑤

| 예상문제 36번 : 감칙 (2) | | 기출 | | | | | | | |
|---|---|---|---|---|---|---|---|---|---|
| 01 | 원칙과 절차 | | 27 | | 30 | | | 33² | 35 |
| 02 | 물건별 감정평가 | 26 | | 28 | | 31 | | 34 | 35 |

## 01 감정평가규칙상 감정평가의 원칙과 절차

### (1) 시장가치기준 원칙

① 대상물건에 대한 감정평가액은 시장가치를 기준으로 결정한다.

② 일정한 경우 시장가치 외의 가치를 기준으로 결정할 수 있다.

### (2) 현황기준 원칙

① 감정평가는 기준시점에서의 대상물건의 이용상황(불법이나 일시적 이용 제외) 및 공법상 제한을 받는 상태를 기준으로 한다.

② 일정한 경우 감정평가조건을 붙여 감정평가할 수 있다.

### (3) 개별물건기준 원칙 등

① 감정평가는 대상물건마다 개별로 하여야 한다.

② 둘 이상의 대상물건이 일체로 거래되거나 대상물건 상호간에 용도상 불가분의 관계가 있는 경우에는 일괄하여 감정평가할 수 있다.

③ 하나의 대상물건이라도 가치를 달리하는 부분은 이를 구분하여 감정평가할 수 있다.

④ 일체로 이용되고 있는 대상물건의 일부분에 대하여 감정평가하여야 할 특수한 목적이나 합리적인 이유가 있는 경우에는 그 부분에 대하여 감정평가할 수 있다.

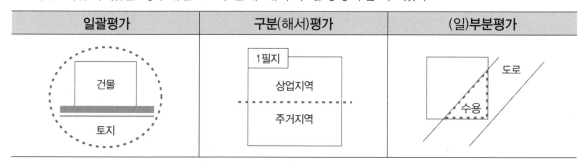

| 일괄평가 | 구분(해서)평가 | (일)부분평가 |
|---|---|---|

## (4) 감정평가의 절차

감정평가법인등은 다음 각 호의 순서에 따라 감정평가를 하여야 한다.

다만, 합리적이고 능률적인 감정평가를 위하여 필요할 때에는 순서를 조정할 수 있다.

| 01 02 | 기본확정 계획 | 기준시점은 대상물건의 가격조사를 완료한 날짜로 한다. 기준시점을 미리 정하였을 때에는 그 날짜에 가격조사가 가능한 경우에만 기준시점으로 할 수 있다. |
|---|---|---|
| 03 | 확인 | 실지조사를 하여 대상물건을 확인하여야 한다. 객관적이고 신뢰할 수 있는 자료가 있으면 생략할 수 있다. |
| 04 | 자료 | 확인자료 + 요인자료 + 사례자료 + 참고자료 |
| 05 | 형성요인 | 일반요인 + 지역요인 + 개별요인 🚨 형일찌개 |

| 06 | 방법 | 평가방식 | 가액산정 | 임료산정 | 원 리 |
|---|---|---|---|---|---|
| | | 원가방식 | **원**가법 | **적**산법 | 비용성 |
| | | 수익방식 | **수**익환원법 | 수익**분**석법 | 수익성 |
| | | 비교방식 (3개) | **거**래사례비교법 | **임**대사례비교법 | 시장성(2개) |
| | | | **공**시지가기준법 | | 🚨 원수거공 적분임 |

| 07 | 가액 | ① 물건별 주방식 적용 |
|---|---|---|
| | | ② 시산가액 조정: 건물평가의 경우 |
| | | 적산가액 10억원(시산가액) ┐ |
| | | 비준가액 12억원(시산가액) ├ 조정 ⇨ 최종가액 11억원 결정 |
| | | 수익가액 14억원(시산가액) ┘ (산술평균×, 가중평균○) |

---

[대표기출 : 30회] 감정평가 3방식 및 시산가액 조정에 관한 설명으로 틀린 것은?

① 감정평가 3방식은 수익성, 비용성, 시장성에 기초하고 있다.
② 시산가액은 감정평가 3방식에 의하여 도출된 각각의 가액이다.
③ 시산가액 조정은 각 시산가액을 상호 관련시켜 재검토함으로써 시산가액 상호간의 격차를 합리적으로 조정하는 작업이다.
④ 시산가액 조정은 각 시산가액을 산술평균하는 방법만 인정된다.
⑤ 감정평가에 관한 규칙에서는 시산가액 조정에 대하여 규정하고 있다.

⚠ 정답 ④

## 02 감칙 제14조~24조 : 물건별 감정평가

| 토 지 | ① 원칙 : 공시지가기준법<br>┌ 비교표준지 : 인근지역(원칙) 또는 유사지역에서 선정<br>└ 시점수정 : 비교표준지가 있는 지역의 지가변동률 적용(원칙)<br>② 실거래가(도시지역은 3년) − 거래사례비교법도 가능 |
|---|---|
| 토지와 건물 일괄 | ① 원칙 : 일체로 하는 거래사례비교법<br>② 토지가액과 건물가액으로 구분하여 표시 가능<br>✎ 복합부동산 : 개별평가 원칙, 일괄평가시 거래사례비교법 |
| 산 림 | ① 원칙 : 산지와 입목 구분평가<br>② 산지와 입목 일괄평가하는 경우 : 거래사례비교법<br>✎ 입목 중 소경목림 : 원가법으로도 평가가 가능 |
| 과수원<br>자동차, 동산 | 거래사례비교법 |
| 건물, 건설기계,<br>선박, 항공기 | 원가법 |
| 무형자산, 각종 권리<br>광업재단, 기업가치 | 수익환원법 |
| 공장재단 | ① 원칙 : 개별물건 평가액의 합산<br>② 일괄평가시는 수익환원법 |
| 임대료 | 임대사례비교법 |

---

[대표기출 : 31회] 감정평가에 관한 규칙상 대상물건과 주된 감정평가방법의 연결이 틀린 것은?

① 과수원 − 공시지가기준법

② 광업재단 − 수익환원법

③ 임대료 − 임대사례비교법

④ 자동차 − 거래사례비교법

⑤ 건물 − 원가법

⚠ 정답 ①

| 예상문제 37번 : 가격제원칙과 지역분석 | | 기출 | | | | | | |
|---|---|---|---|---|---|---|---|---|
| 01 | 가격제원칙 | 26 | | 28 | | | | | |
| 02 | 지역분석과 개별분석 | | 27 | 28 | 29 | 30 | | 32 | | 34 | |

## 01 가격제원칙(감정평가활동의 매뉴얼 − 감칙에는 규정이 없음)

부동산가치 형성의 법칙성을 발견하여 이를 감정평가 활동의 지침으로 삼은 것

| 01 | 균형(대문 안) | 내부구성요소 + 설계와 설비 + 건물과 부지 + 기능적 감가 |
|---|---|---|
| 02 | 적합(대문 밖) | 외부 + 환경 + 다른 부동산 + 경제적 감가 |
| 03 | 변동 | 가치형성요인 변동 ⇨ 부동산가격 변동 ⇨ 기준시점 확정 |
| 04 | 대체 | 부동산은 대체가능 ⇨ 유사부동산은 비슷한 가격 ⇨ 간접법 |
| 05 | 예측 | 부동산가치는 장래편익의 현재가치 ⇨ 예측 ⇨ 수익방식 |
| 06 | 기여 | 추가투자 판단 + 기여가치 합(○), 생산비의 합(×) |
| 07 | 기회비용 | 차선책(기회비용)의 가격반영 + 도심공업지가 외곽보다 비쌈 |
| 08 | 수요공급 | 부동산가격은 시장에서 수요와 공급에 의해 결정 |
| 09 | 경쟁 | 수요자 및 공급자 상호간 경쟁발생 ⇨ 초과이윤 소멸 |
| 10 | 외부성 | 부동산에는 외부효과 발생 |
| 11 | 수익체증체감 | 추가투자 판단 + 수익은 체증하다가 체감 |
| 12 | 수익배분 | 토지잔여법 + 수익분석법 |
| 13 | 최유효이용 | 합리성 + 합법성 + 물리적 채택 가능성 + 최대의 생산성 |

[대표기출 : 26회] **부동산 가격원칙(혹은 평가원리)에 관한 설명으로 틀린 것은?**

① 최유효이용은 대상부동산의 물리적 채택가능성, 합리적이고 합법적인 이용, 최고 수익성을 기준으로 판정할 수 있다.

② 균형의 원칙은 구성요소의 결합에 대한 내용으로, 균형을 이루지 못하는 과잉부분은 원가법을 적용할 때 경제적 감가로 처리한다.

③ 적합의 원칙은 부동산의 입지와 인근환경의 영향을 고려한다.

④ 대체의 원칙은 부동산의 가격이 대체관계의 유사부동산으로부터 영향을 받는다는 점에서, 거래사례비교법의 토대가 될 수 있다.

⑤ 예측 및 변동의 원칙은 부동산의 현재보다 장래의 활용 및 변화 가능성을 고려한다는 점에서, 수익환원법의 토대가 될 수 있다.

⚠ 정답 ②

## 02 지역분석과 개별분석

### (1) 의 의

① **지역분석**: 대상부동산이 속한 지역을 분석하는 작업

② **개별분석**: 대상부동산을 분석하는 작업

### (2) 지역분석과 개별분석의 비교

| 지역분석 ◄──────────────► 개별분석 | | | | | | |
|---|---|---|---|---|---|---|
| 외부 | 대문 밖 | 외부 | | 외부 | 대문 밖 | 외부 |
| 외부 | 대상 대문 안 | 외부 | | 외부 | 대상 대문 안 | 외부 |
| 외부 | 외부 | 외부 | | 외부 | 외부 | 외부 |

| 지역분석(거시분석) 인근지역, 유사지역, 동일수급권 분석 | 개별분석(미시분석) 대상부동산 분석 |
|---|---|
| **표**준적이용 판정(주변부동산의 일반적인 이용상황) | 최유효이용 판정 |
| **적**합의 원칙(주변과 대상부동산의 균형상태 판단) | 균형의 원칙 |
| **수**준 판정(지역 내 부동산의 가격수준의 판단) | 구체적 가격 판정 |
| **경**제적 감가(적합의 원칙에 위배되는 경우 발생) | 기능적 감가 |
| **부**동성(지역분석의 근거가 되는 토지의 특성) | 개별성 |
| **선**행분석(지역분석을 하고 그 다음 개별분석) | 후행분석 |

---

**[대표기출 : 27회]** 감정평가 과정상 지역분석과 개별분석에 관한 설명으로 틀린 것은?

① 지역분석을 통해 해당 지역 내 부동산의 표준적이용과 가격수준을 파악할 수 있다.

② 지역분석에 있어서 중요한 대상은 인근지역, 유사지역 및 동일수급권이다.

③ 대상부동산의 최유효이용을 판정하기 위해 개별분석이 필요하다.

④ 지역분석보다 개별분석을 먼저 실시하는 것이 일반적이다.

⑤ 지역분석은 대상지역에 대한 거시적인 분석인 반면, 개별분석은 대상부동산에 대한 미시적인 분석이다.

⚠ 정답 ④

| 예상문제 38번 : 원가방식과 수익방식 | | | | 기출 | | | | | |
|---|---|---|---|---|---|---|---|---|---|
| 01 | 원가법 계산문제 | | | 28 | 29 | | 31 | | | 34 | |
| 02 | 수익환원법 계산문제 | | | 28 | | 30 | | 32 | 33 | | 35 |
| 03 | 원가법과 수익환원법 이론 | | | | | | | 32 | 33 | | 35 |

## 01 　원가법

(1) 의의 및 산식

① **의의** : 원가법이란 대상물건의 **재조달원가에 감가수정을** 하여 대상물건의 **가액을 산정**하는 감정평가방법을 말한다.

② **산식** : 적산가액(복성가격) = 재조달원가 − 감가수정

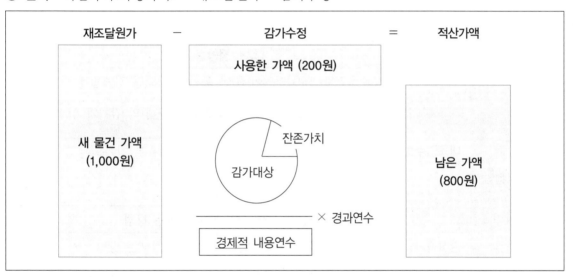

(2) 재조달원가

① **의의** : 기준시점에서 대상물건을 재생산(재취득)하는 데 소요되는 적정원가의 총액

② **종류** ┌ **복제원가** : 물리적 동일성
　　　　 └ **대체원가** : 효용적 동일성

③ **산정기준** : 재조달원가는 항상 도급건설한 경우에 준하여 처리한다.

| 재조달원가 | = | **표준적인 건설비** | + | **통상의 부대비용** |
|---|---|---|---|---|
| | | 공사비 + 적정이윤 | | 설계비, 허가비 등 |

### (3) 감가수정

① **의의**: 감가수정이란 대상물건에 대한 **재조달원가를 감액**하여야 할 요인이 있는 경우에 **물리적, 기능적 또는 경제적 감가** 등을 고려하여 그에 해당하는 금액을 재조달원가에서 **공제하여** 기준시점에 있어서의 대상물건의 가액을 적정화하는 작업이다. (부동산감정평가에서 실제 가치하락분을 반영하는 작업이다)

② **감가요인**

| 물 리 | 마멸과 파손, 시간경과로 인한 노후화 | 기능 가 경제 물리 |
|---|---|---|
| 기 능 | ㉠ 균형의 원칙에 위배되면 발생<br>㉡ 설계·설비, 건물과 부지 부조화 | |
| 경 제 | ㉠ 적합의 원칙에 위배되면 발생<br>㉡ 지역 쇠퇴, 주변환경 부조화, 시장성 감퇴 | |

③ **내용연수법에 의한 감가수정방법**

| 구 분 | | 감가수정방법 |
|---|---|---|
| 직접법 | 내용연수법 | 정액법(건물): 100억원이 50년 동안 감가되면 정액법에 의할 경우<br>$\dfrac{100억}{50년} = 2억원$: 매년 2억원(일정한 금액)의 감가가 일정하게 발생 |
| | | 정률법(기계): 100만원이 매년 20%의 정률로 감가되는 경우<br>1기: $100 \times 0.2 = 20$<br>2기: $80 \times 0.2 = 16$ (매년 감가액 감소) |
| | | 상환기금법: 복리이자의 개념이 적용되는 방법 |
| | 관찰감가법 | 전문가의 식견을 이용하여 감가액을 산정하는 방법 |
| | 분해법 | 감가요인을 물리적 감가, 기능적 감가, 경제적 감가로 분해하는 방법 |

---

[대표기출 : 32회] **원가법에서 사용하는 감가수정방법에 관한 설명으로 틀린 것은?**

① 정률법에서는 매년 감가율이 감소함에 따라 감가액이 감소한다.
② 정액법에서는 감가누계액이 경과연수에 정비례하여 증가한다.
③ 정액법을 직선법 또는 균등상각법이라고도 한다.
④ 상환기금법은 건물 등의 내용연수가 만료될 때 감가누계상당액과 그에 대한 복리계산의 이자상당액분을 포함하여 당해 내용연수로 상환하는 방법이다.
⑤ 정액법, 정률법, 상환기금법은 모두 내용연수에 의한 감가수정방법이다.

⚠ 정답 ①

## (4) 적산가액(🚨 재 음~) 산정

| | |
|---|---|
| • 사용승인시점 : 2016. 9. 20.<br>• 기준시점 : 2018. 9. 20.<br>• 사용승인시점 공사비 : 3억원<br>• 공사비 상승률 : **매년 5% 상승**<br>• 경제적 내용연수 : 50년<br>• 감가수정방법 : 정액법<br>• 내용연수 만료시 잔존가치율 : **10%** | ⇨ 재조달원가 산정<br><br>3억원 × 1.05 × 1.05 = 330.75 |

✏️ 헷갈림 주의 : 공사비 상승률과 건축비지수의 구분

| | | |
|---|---|---|
| • 매년 공사비 상승률 5% | ⇨ | 재조달원가 = 3억원 × 1.05 × 1.05 |
| • 사용승인시점 지수 100<br>  기준시점 지수    110 | ⇨ | 재조달원가 = 3억원 × $\dfrac{110(기준시점)}{100(사용승인시점)}$ |

| 매년 감가액(1년치) | 감가수정액 | 적산가액 |
|---|---|---|
| 재조달원가 : 330.75<br><br>잔가율 : 10%<br><br>330.75 × 90%<br><br>━━━━━━━━━━<br><br>경제적 내용연수 : 50년 | × 경과연수<br>(2년) | − 재조달원가<br>(330.75) |
| = 5.9535 | = 11.907 | = 318.843 |

## 02 수익환원법

### (1) 의 의

수익환원법이란 대상물건이 장래 산출할 것으로 기대되는 순수익이나 미래의 현금흐름을 환원하거나 할인하여 대상물건의 가액을 산정하는 감정평가방법을 말한다. 수익환원법은 가치의 정의에 가장 부합하는 평가방식이므로 이론상 가장 우수하다.

### (2) 방 법

① **방법 A**: 장래 순수익을 가액으로 환원하는 방법(나누기 0.1: 할인율 10%)

| 구 분 | 1년 후 | 2년 후 | 3년 후 | 4년 후 | 5년 후 |
|---|---|---|---|---|---|
| 운영수입 | 100 | 100 | 100 | 100 | 100 |
| 매각수입 | 매각하지 않고 계속 보유함. 운영수입 100이 영구히 나옴 | | | | |

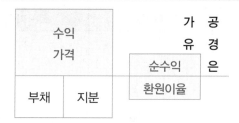

$$수익가격 = \frac{100(한 해 순이익)}{0.1(환원)} = 1{,}000$$

② **방법 B**: 미래의 현금흐름을 현재가치로 할인하는 방법(나누기 1.1)

| 구 분 | 1년 후 | 2년 후 | 3년 후 | 4년 후 | 5년 후 |
|---|---|---|---|---|---|
| 운영수입 | 100 | 100 | 100 | 100 | 100 |
| 매각수입 | 5년만 보유하고 매각함. 5년 후 매각수입 1,000 | | | | |

$$수익가격 = \frac{100}{(1.1)} + \frac{100}{(1.1)^2} + \frac{100}{(1.1)^3} + \frac{100}{(1.1)^4} + \frac{100}{(1.1)^5} + \frac{1{,}000}{(1.1)^5} = 1{,}000$$

### (3) 순영업소득

① **산정기준**: 장래 기대되는 1년간 순영업소득으로 산정
② **산정과정**: 가능총소득 − 공실 등 − 영업경비 (**가유순전후 공경은세**)

## ⑷ 환원이율

① 개념 : **'전환율'** ⇨ 순영업소득을 가격으로 전환시키는 비율

② 적용 : 순영업소득이 100이고 환원이율이 5%인 경우 가격은 $\dfrac{100}{0.05} = 2{,}000$

③ 산정방법(인간으로 환원한 조씨 12명 - 🚨 조씨 투엘부)

| | |
|---|---|
| **시장추출법** | 시장에서 거래된 유사부동산들의 환원이율을 구한 뒤 이들 환원이율을 평균하여 대상부동산에 적용할 환원이율을 구하는 방법을 말한다. |
| **조성법**<br>**(요소구성법)** | 대상부동산에 관한 위험을 여러 가지 구성요소로 분해하고, 개별적인 위험에 따라 위험할증률을 무위험률에 가산하여 환원이율을 구한다.<br><br>환원이율 = 무위험률(순수이율) + 위험할증률 |
| **투자결합법** | ㉠ 물리적 투자결합법 : 순수익을 발생시키는 부동산의 능력이 토지와 건물이 서로 다르고 또한 순수익을 토지분과 건물분으로 구분할 수 있다고 보아 토지환원이율과 건물환원이율을 개별적으로 구한 뒤 이를 가중평균하여 종합환원이율을 구하는 방식이다.<br>㉡ 금융적 투자결합법 : 지분투자자와 저당투자자의 요구수익률이 다르므로 이를 구분하여 개별적으로 구한 뒤 지분환원이율과 저당환원이율을 가중평균하여 종합환원이율을 구하는 방법이다. |
| **엘우드법** | ㉠ 금융적 투자결합법을 발전시킨 방법이다.<br>㉡ 세전현금수지를 적용하므로 영업소득세는 고려하지 않는다.<br>㉢ 지분투자자의 입장을 강하게 반영하는 방법이다. |
| **부채감당법**<br>**(제틀법)** | ㉠ 은행(대출자)의 입장에서 환원이율을 산정하는 방법이다.<br>㉡ 종합환원율 = 저당상수 × 부채감당률 × 대부비율 (🚨 저부대) |

④ 구 성

㉠ 환원이율의 구성 : 환원이율 = 자본수익률 + 자본회수율(감가상각률)

㉡ 직접환원법 : 토지는 영속하므로 토지의 자본회수율은 0을 적용한다.

㉢ 토지의 특성과 파생현상 : 직접환원법은 근거는 영속성이다.

## (5) 수익가격(순환가격) 계산

[대표기출 : 24회] 대상부동산의 수익가치 산정시 적용할 환원이율(%)은?

- 순영업소득 : 연 30,000,000원
- 부채서비스액 : 연 15,000,000원
- 지분비율 : 대부비율 = 60% : 40%
- 대출조건 : 이자율 연 12%로 10년간 매년 원리금균등상환
- 저당상수(이자율 연 12%, 기간 10년) : 0.177

① 3.54   ② 5.31   ③ 14.16   ④ 20.40   ⑤ 21.24

⚠ 정답 ③

[대표기출 : 33회] 다음 자료를 활용하여 산정한 대상부동산의 수익가액은?

- 가능총소득(PGI) : 44,000,000원
- 공실손실상당액 및 대손충당금 : 가능총소득의 10%
- 운영경비(OE) : 가능총소득의 2.5%
- 대상부동산의 가치구성비율 : 토지(60%), 건물(40%)
- 토지환원율 : 5%, 건물환원율 : 10%
- 환원방법 : 직접환원법
- 환원율 산정방법 : 물리적 투자결합법

① 396,000,000원   ② 440,000,000원   ③ 550,000,000원
④ 770,000,000원   ⑤ 792,000,000원

⚠ 정답 ③

[대표기출 : 35회] 다음 자료에서 수익방식에 의한 대상부동산의 시산가액 산정시 적용된 환원율은? (단, 연간 기준이며, 주어진 조건에 한함)

- 가능총수익(PGI) : 50,000,000원
- 공실손실상당액 및 대손충당금 : 가능총수익(PGI)의 10%
- 운영경비(OE) : 가능총수익(PGI)의 20%
- 환원방법 : 직접환원법
- 수익방식에 의한 대상부동산의 시산가액 : 500,000,000원

① 7.0%   ② 7.2%   ③ 8.0%   ④ 8.1%   ⑤ 9.0%

⚠ 정답 ①

| 예상문제 39번 : 비교방식 | | 기출 | | | | | | | | |
|---|---|---|---|---|---|---|---|---|---|---|
| 01 | 이론문제 | | | | | | | | | |
| 02 | 계산문제 | 26 | 28 | 29 | 30 | 31 | 32 | 33 | 34 | 35 |
| 03 | | | 거 | 거 | 공 | 거 | 공 | 거 | 공 | 거 |

## 01 비교방식 이론

$$사례가격 \times 사례의\ 정상화\ 수치(\frac{대상부동산}{사례부동산}) = 대상부동산의\ 비준가격$$

| 거래사례(분모) | | | 비교치 : $\frac{대상평점}{사례평점}$ | 대상부동산(분자) | | |
|---|---|---|---|---|---|---|
| 10억원 | 사례<br>평점 | $\frac{}{80}$ | 사정보정<br>(20% 저가로 거래된 사례) | 100 | 대상<br>평점 | ? |
| | | $\frac{}{100}$ | 시점수정<br>(지가변동률 20% 상승) | 120 | | |
| | | $\frac{}{100}$ | 지역요인비교<br>(인근지역에 위치) | 100 | | |
| | | $\frac{}{100}$ | 개별요인비교<br>(대상이 10% 열세) | 90 | | |
| | | $\frac{}{500}$ | 면적비교 | 540 | | |

$$10억원 \times \frac{100}{80} \times \frac{120}{100} \times \frac{100}{100} \times \frac{90}{100} \times \frac{540}{500} = \textbf{14.58억원}$$

**(사례가격)**　（사정보정）　（시점수정）　（지역비교）　（개별비교）　（면적비교）**（대상가격）**

⑴ **의 의**

① **공시지가기준법**: 표준지의 공시지가를 기준으로 ~~ (사정보정 없음) 시점수정, 지역요인 및 개별요인 비교, 그 밖의 요인의 보정을 거쳐 대상토지의 가액을 산정

② **거래사례비교법**: 거래사례와 비교하여 ~~ 사정보정, 시점수정, 가치형성요인 비교 등의 과정을 거쳐 대상물건의 가액을 산정하는 감정평가방법이다.

⑵ **장단점**

① **장점**: 거래사례비교법은 실증적이고 설득력이 높은 방법이다.

② **단점**: 과도한 호황·불황기에는 사례가격에 대한 신뢰성이 떨어진다.

⑶ **사례의 선택**(🔔위물시사의 요건을 모두 갖춘 사례이어야 한다)

① **위치의 유사성**: 인근지역 또는 동일수급권 내 유사지역의 사례

② **물적 유사성**: 규모나 형태 등의 개별요인이 대상부동산과 유사한 사례

③ **시점수정가능성**: 거래시점이 명확하고 시점수정이 가능한 사례

④ **사정보정가능성**: 사정이 없거나 사정보정이 가능한 사례이어야 한다. 저당이 설정된 매매사례는 정상적인 사례이므로 사정보정 없이 사례로 선택할 수 있다.

⑷ **사례의 정상화**(사례의 상황을 대상의 상황으로 바꾸는 작업이다)

① **내용**: 사정보정, 시점수정, 지역요인비교, 개별요인비교, 면적비교 등

② **방법**(상승식: 수정치를 곱해나가는 방법)

㉠ 대상이 사례보다 5% 우세: 1.05를 곱한다.

㉡ 대상이 사례보다 15% 열세: 0.85를 곱한다.

㉢ 사례가 정상가격보다 10% 싸게 거래: $\dfrac{1}{0.9}$ 을 곱한다. (0.9를 나눈다.)

③ **지역요인 비교 여부**

   ┌ 사례가 인근지역에 위치: 같은 지역에 위치하므로 지역요인 비교하지 않는다.
   └ 사례가 유사지역에 위치: 지역요인 비교작업이 필요하다.

④ **사정보정 여부**

   ┌ 공시지가기준법에서는 '사정보정'은 하지 않는다.
   └ 거래사례비교법에서 아버지와 아들이 거래한 경우 사정보정 작업을 한다.

## 02  비교방식 계산

**[대표기출 : 25회, 26회, 30회, 32회, 34회]** 다음 자료를 활용하여 공시지가기준법으로 산정한 대상토지의 단위면적당 시산가액은? (단, 주어진 조건에 한함)

- 대상토지 현황 : A시 B구 C동 120번지, 일반상업지역, 상업용
- 기준시점 : 2023.10.28.
- 표준지공시지가(A시 B구 C동, 2023.01.01. 기준)

|  | 소재지 | 용도지역 | 이용상황 | 공시지가(원/m²) |
|---|---|---|---|---|
| 1 | C동 110 | 준주거지역 | 상업용 | 6,000,000 |
| 2 | C동 130 | 일반상업지역 | 상업용 | 8,000,000 |

- 지가변동률(A시 B구, 2023.01.01.~2023.10.28.)
  - 주거지역 : 3% 상승
  - 상업지역 : 5% 상승
- 지역요인 : 표준지와 대상토지는 인근지역에 위치하여 지역요인 동일함
- 개별요인 : 대상토지는 표준지 기호 1에 비해 개별요인 10% 우세하고, 표준지 기호 2에 비해 개별요인 3% 열세함
- 그 밖의 요인 보정 : 대상토지 인근지역의 가치형성 요인이 유사한 정상적인 거래사례 및 평가사례 등을 고려하여 그 밖의 요인으로 50% 증액 보정함

① 6,798,000원/m²     ② 8,148,000원/m²     ③ 10,197,000원/m²
④ 12,222,000원/m²     ⑤ 13,860,000원/m²

⚠ 정답 ④

- 대상토지 현황 : A시 B구 C동 120번지, **일반상업지역**, 상업용
- 기준시점 : 2023.10.28.
- 표준지공시지가(A시 B구 C동, 2023.01.01. 기준)

|  | 소재지 | 용도지역 | 이용상황 | 공시지가(원/m²) |
|---|---|---|---|---|
| 1 | C동 110 | 준주거지역 | 상업용 | 6,000,000 |
| 2 | **C동 130** | **일반상업지역** | **상업용** | **8,000,000** |

- 지가변동률(A시 B구, 2023.01.01.~2023.10.28.)
  - 주거지역 : 3% 상승     - **상업지역 : 5% 상승**
- 지역요인 : 표준지와 대상토지는 인근지역에 위치하여 지역요인 동일함
- 개별요인 : 대상토지는 표준지 기호 1에 비해 개별요인 10% 우세하고, **표준지 기호 2에 비해 개별요인 3% 열세함**
- 그 밖의 요인으로 **50% 증액 보정함**

8,000,000(상업지역) × 1.05(상업지역) × 0.97(2번 기준) × 1.5 = 12,222,000원/m²

[대표기출 : 28회, 29회, 31회, 33회, 35회] 거래사례비교법으로 산정한 대상토지의 감정평가액은?

- 대상토지 : A시 B구 C동 350번지, 150m²(면적), 대(지목), 주상용(이용상황), 제2종일반주거지역(용도지역)
- 기준시점 : 2022.10.29.
- 거래사례
  - 소재지 : A시 B구 C동 340번지
  - 200m²(면적), 대(지목), 주상용(이용상황)
  - 제2종일반주거지역(용도지역)
  - 거래가격 : 800,000,000원
  - 거래시점 : 2022.06.01.
- 사정보정치 : 0.9
- 지가변동률(A시 B구, 2022.06.01.~2022.10.29.) : 주거지역 5% 상승, 상업지역 4% 상승
- 지역요인 : 거래사례와 동일
- 개별요인 : 거래사례에 비해 5% 열세
- 상승식으로 계산

① 533,522,000원  ② 538,650,000원  ③ 592,800,000원
④ 595,350,000원  ⑤ 598,500,000원

⚠ 정답 ②

- 대상토지 : 150m²(면적) 주상용(이용상황), 제2종일반주거지역(용도지역)

- 거래사례
  - 200m²(면적), 대(지목), 주상용(이용상황)
  - 제2종일반주거지역(용도지역)
  - 거래가격 : **800,000,000원**
- 사정보정치 : 0.9

- 지가변동률(A시 B구, 2022.06.01.~2022.10.29.) : 주거지역 5% 상승, 상업지역 4% 상승
- 개별요인 : 거래사례에 비해 5% 열세

800,000,000(거래사례가격) × 150(대상면적) ÷ 200(사례면적) × 0.9(사정보정치) × 1.05(용도지역별 지가변동률 적용) × 0.95(개별요인) = 538,650,000

## 03 임료평가

**(1) 신규임료 기준평가**

① **적산임료**: **적산**법이란 대상물건의 **기**초가액에 **기**대이율을 곱하여 산정된 기대수익에 대상물건을 계속하여 임대하는 데에 **필**요한 경비를 더하여 대상물건의 **임**대료를 산정하는 감정평가방법을 말한다. (🔔 적산기기필임)

② **수익임료**: 수익분석법이란 일반기업 경영에 의하여 산출된 총수익을 분석하여 ~~ 대상물건의 임대료를 산정하는 감정평가방법을 말한다.

③ **비준임료**: 임대사례비교법이란 ~~ 임대사례와 비교하여 대상물건의 현황에 맞게 사정보정 ~~ 거쳐 대상물건의 임대료를 산정하는 감정평가방법을 말한다. 임대사례비교법이 임료평가의 주방식이다.

✏️ **계속임료**: 기존 임차인과 재계약할 때 적정한 임대료

**(2) 임료평가의 기준시점**

① 임료의 기준시점은 임대차 계약의 개시시점으로 한다.

② 계약이 1월 1일부터 12월 31일까지인 경우 임료의 기준시점은 1월 1일로 한다.

**(3) 실질임료 기준평가**

① 실질임료는 임차인이 임대인에게 지불하는 모든 경제적 대가를 말한다.

② 실질임료 = 지불임료 + α(보증금 운용이익 등)

[예시] **월세 100만원 + 보증금 2,000만원(운용이율이 5%)인 경우**

㉠ 지불임료          = 월세 × 12개월 = 1,200만원
㉡ 보증금 운용이익 = 2,000만원 × 0.05 = 100만원(간주임대료)
㉢ 실질임료          = 1,200만원 + 100만원 = 1,300만원

③ 실질임료는 항상 지불임료보다 크거나 같다.

④ 실질임료의 산정이 불가능할 때에는 지불임료를 산정할 수 있다.

| 예상문제 40번: 부동산 가격공시에 관한 법률 | 기출 | | | | | | | | | |
|---|---|---|---|---|---|---|---|---|---|---|
| 01 법률조문 | 26 | 27 | 28 | 29 | 30 | 31 | 32 | 33 | 34 | 35 |

### ▣ 부동산가격공시제도 개요

| 토지 | 표준지공시지가 | | ~ 하여야 한다. |
|---|---|---|---|
| | 개별공시지가 | | |
| 주택 | 단독주택가격 | 표준주택가격 | |
| | | 개별주택가격 | |
| | 공동주택가격(장관이 전수조사) | | |
| 비주거용 부동산 | 일반부동산 | 비주거용 표준부동산 | ~ 할 수 있다. |
| | | 비주거용 개별부동산 | |
| | 집합부동산 | | |

### ▣ 표준지, 표준주택

**국토교통부장관 – 중앙의 심의**

의뢰한다. (🔔 공법주부)
**공**시지가(토지)는 **법**인, **주**택은 **부**동산원

평가3방식을 모두 적용한다. (종합고려)
– 거래사례, 비용, 임대료 –

공동주택은 표준과 개별로 구분하지 않는다.
공동주택은 표준과 개별(세금)의 성격을 모두 가진다.

┌ 개별가격산정의 기준(○)
├ 토지 감정평가 기준(○)
├ 국가 토지평가 기준(○)
└ 세금(×)

### ▣ 개별토지, 개별주택

**시장 · 군수 · 구청장 – 시군구의 심의**

공무원이 산정

┌ 토지: 표준지공시지가 + 토지가격비준표
└ 주택: 표준주택가격 + 주택가격비준표

'개별'을 산정하지 않아도 되는 경우
┌ 표준지와 표준주택: 표를 개로 본다.
└ 세금이나 부담금 안 내는 토지

분할(합병)이 발생한 경우 공시기준일
🔔 합병시 바빠서 주6일 근무, 토요일 칠근
**토지**: 1.1 또는 7.1, **주택**: 1.1 또는 6.1

세금, 사용료, 부담금 부과의 기준

**▌공시지가 제도 개요(필요한 법조문만 발췌)**

**제3조【표준지공시지가의 조사·평가 및 공시 등】**

국토교통부장관이 **표준지공시지가를 조사·평가할 때에는 둘 이상의 감정평가법인등에게 이를 의뢰하여야** 한다. 다만, **지가 변동이 작은 경우 등은 하나의 감정평가법인등에 의뢰할 수 있다.**

**제5조【표준지공시지가의 공시사항】**

┌ 주택과 공통: 지번, 단가(주택은 가격), 면적 및 형상, 지목, 용도지역, 도로 등
└ 주택에는 없는 사항: **표준지 및 주변토지의 이용상황**

**제7조【표준지공시지가에 대한 이의신청】**

**표준지공시지가에 이의가 있는 자**는 그 공시일부터 **30일 이내**에 서면으로 **국토교통부장관**에게 이의를 신청할 수 있다.

**제9조【표준지공시지가의 효력】 세금, 사용료, 부담금 제외**

표준지공시지가는 토지시장에 지가정보를 제공하고 일반적인 토지거래의 지표가 되며, 국가·지방자치단체 등이 그 업무와 관련하여 지가를 산정하거나 감정평가법인등이 개별적으로 토지를 감정평가하는 경우에 기준이 된다.

**제10조【개별공시지가의 결정·공시 등】**

① **시장·군수 또는 구청장은** 각종 **세금의 부과** 등을 위한 지가산정에 사용되도록 하기 위하여 **시·군·구부동산가격공시위원회**의 심의를 거쳐 개별공시지가를 결정·공시하고, 이를 관계 행정기관 등에 제공하여야 한다.

② **표준지로 선정된 토지, 조세 또는 부담금 등의 부과대상이 아닌 토지 등에 대하여는 개별공시지가를 결정·공시하지 아니할 수 있다.** 이 경우 표준지로 선정된 토지에 대하여는 해당 토지의 **표준지공시지가를 개별공시지가로 본다.**

③ **분할·합병 등이 발생한 토지**에 대하여는 **7월 1일 또는 1월 1일을 기준으로 하여 개별공시지가를 결정·공시하여야 한다.**

④ 개별공시지가를 결정·공시하는 경우에는 **하나 또는 둘 이상의 표준지의 공시지가를 기준으로 토지가격비준표를 사용하여 지가를 산정**하여야 한다.

⑤ 개별공시지가의 타당성에 대하여 감정평가법인등의 **검증**을 받고 토지소유자, 그 밖의 이해관계인의 의견을 들어야 한다. 다만, **검증은 생략할 수 있다.**

## 제11조 【개별공시지가에 대한 이의신청】

① **개별공시지가**에 이의가 있는 자는 그 결정·공시일부터 **30일 이내에** 서면으로 **시장·군수 또는 구청장에게 이의를 신청할 수 있다.**

## 제16조 【표준주택가격의 조사·산정 및 공시 등】

① 국토교통부장관은 일단의 **단독주택 중에서 선정한 표준주택**에 대하여 표준주택가격을 조사하고, 중앙부동산가격공시위원회의 심의를 거쳐 이를 공시하여야 한다.

② 제1항에 따른 공시에는 다음 각 호의 사항이 포함되어야 한다.

┌ 토지와 공통: 지번, 단가(주택은 가격), 면적 및 형상, 지목, 용도지역, 도로 등
└ 토지에는 없는 사항: **주택의 용도, 구조 및 사용승인일, 연면적(용구사연)**

## 제17조 【개별주택가격의 결정·공시 등】

**토지의 분할·합병이나 건축물의 신축 등이 발생한 경우**에는 **6월 1일 또는 1월 1일을 기준으로 하여 개별주택가격을 결정·공시하여야 한다.**

## 제18조 【공동주택가격의 조사·산정 및 공시 등】 – 표준과 개별을 성격을 모두 가짐

**국토교통부장관은** 공동주택에 대하여 **공동주택가격을 조사·산정**하여 중앙부동산가격공시위원회의 심의를 거쳐 공시하고, 이를 관계 행정기관 등에 제공하여야 한다. 다만, 국세청장이 국토교통부장관과 협의하여 공동주택가격을 별도로 결정·고시하는 경우는 제외한다.

## 제19조 【주택가격 공시의 효력】

① 표준주택가격은 개별주택가격을 산정하는 경우에 그 기준이 된다.

② 개별주택가격 및 **공동주택가격은** 주택시장의 가격정보를 제공하고, **과세 등**의 업무와 관련하여 주택의 가격을 산정하는 경우에 그 기준으로 활용될 수 있다.

[대표기출 : 34회] **부동산 가격공시에 관한 법령에 규정된 내용으로 틀린 것은?**

① 표준지공시지가는 토지시장에 지가정보를 제공하고 일반적인 토지거래의 지표가 되며, 국가·지방자치단체 등이 그 업무와 관련하여 지가를 산정하거나 감정평가법인등이 개별적으로 토지를 감정평가하는 경우에 기준이 된다.

② 국토교통부장관이 표준지공시지가를 조사·산정할 때에는 「한국부동산원법」에 따른 한국부동산원에게 이를 의뢰하여야 한다.

③ 표준지공시지가에 이의가 있는 자는 그 공시일부터 30일 이내에 서면(전자문서를 포함한다)으로 국토교통부장관에게 이의를 신청할 수 있다.

④ 시장·군수 또는 구청장이 개별공시지가를 결정·공시하는 경우에는 해당 토지와 유사한 이용가치를 지닌다고 인정되는 하나 또는 둘 이상의 표준지의 공시지가를 기준으로 토지가격비준표를 사용하여 지가를 산정하되, 해당 토지의 가격과 표준지공시지가가 균형을 유지하도록 하여야 한다.

⑤ 표준지로 선정된 토지에 대하여는 개별공시지가를 결정·공시하지 아니할 수 있다. 이 경우 표준지로 선정된 토지에 대하여는 해당 토지의 표준지공시지가를 개별공시지가로 본다.

⚠ 정답 ②

[대표기출 : 35회] **부동산 가격공시에 관한 법령상 부동산 가격공시제도에 관한 내용으로 틀린 것은?**

① 표준주택으로 선정된 단독주택, 국세 또는 지방세 부과대상이 아닌 단독주택에 대하여는 개별주택가격을 결정·공시하지 아니할 수 있다.

② 표준주택가격은 국가·지방자치단체 등이 그 업무와 관련하여 개별주택가격을 산정하는 경우에 그 기준이 된다.

③ 개별주택가격 및 공동주택가격은 주택시장의 가격정보를 제공하고, 국가·지방자치단체 등이 과세 등의 업무와 관련하여 주택의 가격을 산정하는 경우에 그 기준으로 활용될 수 있다.

④ 개별주택가격에 이의가 있는 자는 그 결정·공시일부터 30일 이내에 서면(전자문서를 포함한다)으로 시장·군수 또는 구청장에게 이의를 신청할 수 있다.

⑤ 시장·군수 또는 구청장은 공시기준일 이후에 토지의 분할·합병이나 건축물의 신축 등이 발생한 경우에는 대통령령으로 정하는 날을 기준으로 하여 공동주택가격을 결정·공시하여야 한다.

⚠ 정답 ⑤

제36회 공인중개사 시험대비 **전면개정판**

# 2025 **박문각 공인중개사**
## **김백중 필수서** 1차 **부동산학개론**

---

**초판인쇄** | 2025. 1. 20.  **초판발행** | 2025. 1. 25.  **편저** | 김백중 편저
**발행인** | 박 용  **발행처** | (주)박문각출판  **등록** | 2015년 4월 29일 제2019-000137호
**주소** | 06654 서울시 서초구 효령로 283 서경빌딩 4층  **팩스** | (02)584-2927
**전화** | 교재 주문 (02)6466-7202, 동영상문의 (02)6466-7201

저자와의
협의하에
인지생략

정가 26,000원
ISBN 979-11-7262-582-5